MARRIAGES
of
ROBERTSON COUNTY, TENNESSEE

1839–1861

$\mathcal{M}$ARRIAGES

of

$\mathcal{R}$OBERTSON $\mathcal{C}$OUNTY, $\mathcal{T}$ENNESSEE

1839-1861

Compiled by
EDYTHE RUCKER WHITLEY

With an Index by Eleanor R. Antoniak

CLEARFIELD

Reprinted for
Clearfield Company, Inc. by
Genealogical Publishing Co., Inc.
Baltimore, Maryland
1999

Introduction

OBERTSON COUNTY, Tennessee was created at the same time as Montgomery County, both erected from old Tennessee County on April 9, 1796, the year that Tennessee became a state.

For more than thirty years I (and others) have made diligent efforts to locate Robertson County's first book of recorded marriages or, possibly, its early unrecorded bonds—without success. In order to preserve the marriage records that do exist, however, I have in this publication transcribed the marriages recorded in the earliest extant register, covering the years from 1839 to 1861, hoping that someone will pick up where I left off and preserve the marriages of Robertson County down to date.

The reader should note that marriage bonds were frequently issued the same day as licenses, but the marriage itself was usually—though not always—solemnized at a later date. If no date of marriage, or solemnization (abbreviated *Sol.*), is given, then the single date provided refers to the date of issue of either the bond or the license.

Edythe Rucker Whitley
Nashville, Tennessee
May 1980

ROBERTSON COUNTY, TENNESSEE

Marriages, 1839-1861

Page 1
Ephraim Farthing & Polly Parson, 29 Oct. 1839. Sol.
  Robert Green, J.P.
David Williams & Barbary E. Gunn, 16 Oct. 1839. Sol.
  J.M. Gunn, J.P.
Azariah Henly & Polly Howard, 26 Oct. 1839. Sol.
  Benjamin Gambill, J.P.
John H. Read & Nancy Morgan, 13 Oct. 1839. Sol.
  Benjamin Gambill, J.P.
John M. Chambers & Mary E. Seal, 27 July 1839. Sol.
  28 July 1839, Richd. W. Mantle, J.P.
James B. Hallum & Lucy Ventress, 17 April 1839. Sol.
  18 April 1839, Thos. W. Felts, J.P.

Page 2
Robert S. Sanders & Elizabeth Roberts, 2 May 1839. Sol.
  J.M. Gunn, J.P.
Absalum Patterson & Mary Chapman, 1 May 1839. Sol.
  2 May 1839, Robert Green, J.P.
John Bothink & Nancy Carr, 25 June 1839. Sol. Isaac Steel.
George S. Jones & Thites Morgan, 10 June 1839. Sol. Geo.
  Childress, J.P.
John Grisham & Sophia Shanklen, 25 Aug. 1839. Sol. Uriah
  Young, J.P.
James Jones & Sally Ely Jones, 7 Oct. 1839. Sol.
  9 Oct. 1839, James Sprouse, J.P.

Page 3
Archd. D. Jones & Elizabeth Dorris, 21 Sep. 1839. Sol.
  26 Sep. 1839, J. Sprouse, J.P.
Samuel McMurray & Elizabeth Ann Adams, 18 Sep. 1839. Sol.
  19 Sep. 1839, J. Sprouse, J.P.
Stephen Kirby & Lucinda Browning, 12 April 1839. Sol.
  A.B. Young, J.P.
Caswell Crutcher & Serone Stanley, 1 Aug. 1839. Sol.
  8 Aug. 1839, James Sprouse, J.P.
John Crutcher & Keziah Stanley, 15 July 1839. Sol.
  17 July 1839, James Sprouse, J.P.
Meredith Dorris & Highly Robins, 23 March 1839. Sol.
  27 March 1839, James Sprouse, J.P.

Page 4
William H. Adams & Sarah McMurry, 18 Sep. 1839. Sol.
  20 Sep. 1839, J. Sprouse, J.P.
Joseph C. Barbee & Elizabeth Scoggin, 15 March 1839. Sol.
  15 March 1839, Geo. Childress, J.P.

William Evans & Martha Nelms, 1 July 1839. Sol. Geo. Childress, J.P.

Wilson Pitt & Mary Ann Porter, 16 March 1839. Sol. 17 March 1839, Jas. Woodard, J.P.

Buswell J. Crain & Harriet Tucker, 7 March 1839. Sol. Geo. Childress, J.P.

Nathaniel Russell & Ann Bailey, 12 Nov. 1839. Sol. 14 Nov. 1839, W. Hollard, J.P.

Page 5

William Huddleston & Elizabeth H. Harper, 26 May 1839. Sol. 26 June 1839, Richd. W. Mantle, J.P.

Asa Dobbs Henry & Amy Bartlett, 10 Aug. 1839. Sol. 11 Aug. 1839, Richd. W. Mantle, J.P.

Thomas H. Farmer & Catherine Martin, 22 Aug. 1839. Sol. John Sherrill, J.P.

Lewis Thomas & Elizabeth Herring, 9 July 1839. Sol. Geo. Childress, J.P.

Bryan Doughtry & Lydia Dotson, 3 June 1839. Sol. 12 June 1839, Isaiah Warren, J.P.

Page 6

Dabney Jackson & Dorothy Synn, 11 May 1839. Sol. 12 May 1839, John Bell, J.P.

Peter Stanly & Martha Warren, 27 June 1839. Sol. Isaiah Warren, J.P.

Lewis W. Merrit & Mary Ann Stark, 12 Oct. 1839. Sol. 12 Oct. 1839, Geo. Childress, J.P.

Meredith Blackburn & Amanda M. Binkley, 16 Aug. 1839. Sol. 17 Aug. 1839, A. Justice, J.P.

Henry G. Williamson & Eliza A. Stone, 11 Aug. 1839. Sol. Benjamin Gambill, J.P.

Arthur Woodard & Polly Hall, 17 June 1839. Sol. 20 June 1839, Benjamin Rawls,

James H. Terrell & Elizabeth B. Townly, 20 Dec. 1839. Sol. 23 Dec. 1839, Robt. Williams, M.G.

Page 7

Larken W. Willis & Mary K. Willis, 7 Aug. 1839. Sol. 8 Aug. 1839, W.S. Boldry, M.G.

Manuel Hutchings & Jane Crawford, 2 Sep. 1839. Sol. 4 Sep. 1839, Robert Green, J.P.

Fountain S. Allison & Marie L. Emmit, 12 May 1839. Sol. Uriah Young, J.P.

David Browder & Mary E. Evans, 16 April 1839. Sol. John P. Moore, J.P.

James G. Holemen & Martha Ann Mathews, 3 Aug. 1839. Sol. 4 Aug. 1839, Robert Green, J.P.

Joseph Anderson & Martha Crafford, 13 March 1839. Sol. 14 March 1839, Isaiah Warren, J.P.

Page 8

Samuel Bray & Mary Langford, 3 Jan. 1840. Sol. 4 Jan. 1840, Lewis Adams, M.G.

ROBERTSON COUNTY MARRIAGES

Abram Baldwin & Martha Ann McMurry, 28 Nov. 1839. Sol.
Tho. Cook, J.P.
Lemuel J. Henry & Sally A.L. Pope, 1 Nov. 1839. Sol.
3 Nov. 1839, Jas. Woodard, J.P.
Henry M. Rose & Nancy W. Benson, 30 Dec. 1839. Sol.
Robert Green, J.P.
Willie L. Norfleet & Sarah Woodard, 14 Dec. 1839. Sol.
15 Dec. 1839, Robt. Williams, M.G.
Memucan Allen & Martha Edward, 28 Nov. 1839. Sol.
Robert Grenn, J.P.
William P. Dorris & Amanda Bagget, 3 Dec. 1839. Sol.
10 Dec. 1839, Thos. Cook, J.P.

Page 9
Isaac Farmer & Elizabeth H. Mason, 23 Sep. 1839. Sol.
26 Sep. 1839, Jeremiah Batts, J.P.
William Holleway & Martha Sherrod, 26 Dec. 1839. Sol.
Jeremiah Batts, J.P.
James Crockett & Nancy W. Menees, 12 Nov. 1839. Sol.
J.W. Ferguson, J.P.
James T. Harris & Charlotte Lewis, 3 June 1839. Sol.
6 June 1839, W.H. Hudgins, J.P.
John Depper & Matilda Browning, 23 Oct. 1839. Sol.
Jas. Woodard, J.P.
Robert Russel & Ann Dalton, 26 Nov. 1839. Sol.
28 Nov. 1839, W. Holland, J.P.

Page 10
Edwin B. Williams & Mary J. Long, 10 Oct. 1839. Sol.
Robert Green, J.P.
Lewis V. Adams & Mary S. Sand, 10 Oct. 1839. Sol. L.
Ayre, J.P.
Geo. A. Smith & Rachel Johnson, 29 Nov. 1839. Sol.
1 Dec. 1839, W. Holland, J.P.
John Jones & Celantha V. Dunn, 5 Nov. 1839. Sol. Robert
Green, J.P.
Ale Lawrence & Creesy Beckham, 24 Sep. 1839. Sol.
24 Sep. 1839, W. Holland, J.P.
Joseph Barnet & Elizabeth Sand, 14 Dec. 1839. Sol. L.
Ayres, J.P.
Clayton Lockert & Mary G. Gunn, 9 Nov. 1839. Sol.
10 Nov. 1839, James Gunn, M.G.

Page 11
Henry Pool & Pelina Johnson, 27 July 1839. Sol.
1 Aug. 1839, Tho. W.F.
William Nave & Ruth Carter, 13 Nov. 1839. Sol. L. •
Ayres, J.P.
Larry S. Barnes & Beady M. Batts, 20 Feb. 1840. Sol.
21 Feb. 1840, Robert Green, J.P.
Reuben Griffin & Temperance Rose, 25 Jan. 1840. Sol.
27 Jan. 1840, Benjamin Gambill, J.P.
Willie Holland & Amanda E. Dean, 28 Jan. 1840. Sol.
30 Jan. 1840, Cabb Darden,

3

Joshua Blackard & Louisa Dorris, 7 March 1840. Sol.
8 March 1840, Jas. Sprouse, J.P.

Page 12
Flemming G. Plasters & Martha L.M. Blick, 9 Feb. 1840.
Sol. Jas. Gunn, M.G.
William Mason Jr. & Elizabeth Chapman, 8 Jan. 1840. Sol.
16 Jan. 1840, W. Holland, J.P.
Thomas Teragen & Araminta Wimberly, 9 March 1840. Sol.
28 March 1840, Robt. Williams, M.G.
William W. Britt & Permelia A. Small, 16 Jan. 1840. Sol.
U. Young, J.P.
James Williams & Elizabeth A.J. Wate, 27 Feb. 1840.
Wm. Brakefield & Elizabeth Vance, 27 Feb. 1840. Sol.
U. Young, J.P.
James H. Burney & Purahan Jernigan, 16 Dec. 1839. Sol.
18 Dec. 1839, E.J. Williams, M.G.
Jas. J. Jones & Cinthia Babb, 27 Feb. 1840. Sol. Benjamin
Gambill, J.P.

Page 13
Geo. C. Murphy & Martha Adams, 30 Nov. 1840. Sol.
9 Feb. 1840, James Sprouse, J.P.
Lemuel Warren & Nancy England, 30 Jan. 1840. Sol.
9 Feb. 1840. James Sprouse, J.P.
Robert D. Felts & Nancy M. Burnet, 19 Feb. 1840. Sol.
27 Feb. 1840, J.W. Hunt, J.P.
S.E. Douthett & M.B. Edwards, 17 Feb. 1840. Sol.
27 Feb. 1840, E.A. Williams, M.G.
John E. Garner & Elizabeth A.F. Thomas, 18 Jan. 1840.
Sol. Geo. McNelly, M.G.

Page 14
William Adams & Henrietta Payne, 20 Jan. 1840. Sol.
21 Jan. 1840, W.B. Burdess, J.P.
Alexander Petty & Olive Benson, 21 Dec. 1839. Sol.
22 Dec. 1839, W.S. Baldry, M.G.
Green Benton & Mary Morris, 29 Jan. 1840. Sol. D.R.
Harris, M.G.
Thomas Savage & Nancy Baggat, 5 Jan. 1840. Sol.
8 Jan. 1840, Jas. Sprouse, J.P.
James Ryan & Mary P. Hunt, 25 Jan. 1840. Sol.
26 Jan. 1840, G.W. Dye

Page 15
A.F. Hyde & Nancy Bobbett, 12 Dec. 1839. Sol. 17 Dec.1839,
J.W. Hunt, J.P.
Elbert Williams & Lucinda Ferrel, 20 Jan. 1840. Sol.
23 Jan. 1840, D.D. Mason, M.G.
Wm. W. Stack & Elizabeth Burgess, 18 Feb. 1840. Sol.
Geo. McNelley, M.G.

ROBERTSON COUNTY MARRIAGES

Page 16
William H. Farmer & Elizabeth Couts, 23 Feb. 1840. Sol.
24 Feb. 1840, D.R. Harris, M.G.
Lewis Inscore & Rebecca Williams, 4 Jan. 1840. Sol.
7 Jan. 1840, J.M. Gunn, J.P.
Jacob Keeler & Susan T. Cothan, 28 Aug. 1839. Sol.
29 Aug. 1839, J.W. Hung, J.P.
Charles Kilgore & Rebecca Crabtree, 11 Jan. 1840. Sol.
12 Jan. 1840, Wm. Haley, J.P.
Jeremiah Moore & Sally Moore, 14 Jan. 1840. Sol.
16 Jan. 1840, J.W. Ferguson, J.P.
Leroy Fletcher & Marina T. Ayres, 25 March 1840. Sol.
J.W. Ferguson, J.P.
Benj. W. Bradley & Harriet Williams, 31 Jan. 1840. Sol.
14 Feb. 1840, J.W. Hunt, J.P.
Bailey Boren & Polly Herals, 5 April 1840. Sol. James
Woodard, J.P.

Page 17
James Woodard & Amanda Porter, 25 March 1840. Sol.
26 March 1840, Jas. Woodard, J.P.
R.W. Bell & Susan Gunn, 9 April 1840. Sol. L. Adams, M.G.
Garrett Holland & Elizabeth Ivy, 2 March 1840. Sol.
5 March 1840, Lewis Adams, M.G.
Henderson Cole & Malinda Cole, 30 March 1840. Sol.
31 March 1840, William Haley, J.P.
Fisher Richd. & Louisa Whitehead, 1 May 1840. Sol. George
Childress, J.P. for Robertson Co.

Page 18
Boling J. Burgess & Rachel C. Terry, 30 Jan. 1840. Sol.
Jeremiah Batts, J.P.
James Knight & Miss Nancy Harrington, 9 April 1840. Sol.
J.W. Hunt, J.P.
Joseph W. Flood & Miss Elizabeth Boren, 8 April 1840.
Sol. Robert Green, J.P.
Joseph Eddings & Miss Nancy Freeman, 28 March 1840. Sol.
Robert Green, J.P.
Calvin Benson & Miss Polly Harris, 24 May 1840. Sol.
Robt. Green, J.P.

Page 19
Jonathan Addison & Nancy Emeline Harbeson, 27 Dec. 1839.
Sol. Jas. Woodard, J.P.
A.J. White & L.B.M. Nicholls, 2 June 1840. Sol. Robt.
Braughon, J.P.
Edmond H. Shaw & Huldah Holmes, 3 June 1840. Sol.
4 June 1840, William Shaw, M.G.
John A. Strickling & Elizabeth Stark, 23 May 1840. Sol.
7 June 1840, Jas. Woodard, J.P.
Andrew West & Frances A. Maize, 30 April 1840. Sol.
Isiah Warren, J.P.
John Holland & Parmela A. Babb, 6 June 1840. Sol.
8 June 1840, G. Childress, J.P.

5

Page 20

Patrick P. Martin & Martha Farmer, 12 Dec. 1839. Sol.
Thos. Martin

Robinson T. Dorris & Rebecca Beasley, 2 Aug. 1839. Sol.
8 Aug. 1839, John G. Balarcy, M.G.

Joseph H. Fiser & Sarah B. Davis, 4 July 1840. Sol.
5 July 1840, Geo. Childress, J.P.

John Hutchison & Nancy Young, 27 July 1840. Sol.
1 July 1840, F.G. Ferguson, M.G.

Willis Hyde & Marina Shaw, 28 Jan. 1840. Sol.
4 Feb. 1840, Nathan Morris, J.P.

John Thomas Durham & Gueinaa Shaw, 28 Jan. 1840. Sol.
4 Feb. 1840, Nathan Morris, J.P.

James W. Lawler & Sebrina A. Cox, 14 June 1840. Sol.
Benjamin Gambill, J.P.

Page 21

Iredell M. Cain & Nancy Johnson, 4 Aug. 1839. Sol.
E. Edwards, M.G.

Ellis P. Cook & Louisa T. Stother, 16 Oct. 18__. Sol.
16 Oct. 1839, E. Edwards, M.G.

Nicholas Stone & Mary Perrett, 18 Jan. 1838. Sol.
20 Jan. 1838, Edward Edwards, M.G.

James Edwards & Jemina Braves, 2 Aug. 1838. Sol.
Edward Edwards, M.G.

David West & Mary Wright, 7 Nov. 1839. Sol. E. Edwards,
M.G.

Alfred McAdams & Rachel Woodard, 12 Jan. 1839. Sol.
15 Jan. 1839, E. Edwards, M.G.

James B. Wright & Susan Taylor, 3 March 1840. Sol.
E. Edwards, M.G.

Harrison D. Sisk & Eliza Moss, 13 July 1840. Sol.
15 July 1840, E.J. Williams, M.G.

Page 22

Demuel Fiser & Julia Ann Dean, 8 Aug. 1840. Sol.
9 Aug. 1840, Robt. Green, J.P.

John W. Newton & Jane Harris, 8 Aug. 1840. Sol.
10 Aug. 1840, Robt. Draughan, J.P.

Edward Porter & Cordelia Henry, 14 Aug. 1840. Sol.
Jas. Woodard, J.P.

Lewis Clinard & Haldah Justice, 2 Nov. 1839. Sol.
3 Nov. 1839, T.M. Felts

William A. Nicholls & Mary N. Langford, 4 June 1840.
Sol. Thos. W. Felts

G.F. Neill & Amanda M. Hart, 28 July 1840. Sol.
29 July 1840, George W. Dye

Page 23

William McPheinon & Katherine Shepherd, 3 Sep. 1840.
Sol. George Childress, J.P. for the said Co.

James Boyd & Mariah Dumumbrane, 3 Sep. 1840. Sol.
George Childress, J.P. for said County

Burrell T. Ragsdale & Olive Forte, 28 June 1840. Sol.
Geo. Childress, J.P. for said county

Charles Whitisearves & Katherine A. Dunn, 28 June 1840.
Sol. Warren M. Pitts, M.G.
James H. Smith & Cyntha Beasley, 19 June 1840. Sol.
19 June 1840, Geo. Childress, J.P.

Page 24
Robert Williams & Mary Hyde, 1 June 1840. Sol.
4 June 1840, J.W. Hunt, J.P.
William B. Nicholl & Martha A. Cockran, 28 Sep. 1840.
Sol. 1 Oct. 1840, J.W. Hunt, J.P.
John A. Duer & Mary A. Bigbee, 20 Aug. 1840. Sol.
A.B. Young, J.P.
William E. Bibb & Katherine Hightower, 4 Oct. 1840. Sol.
James Woodard, J.P.
G.W. Shaw & Dicey A. Hunt, 22 Sep. 1840. Sol.
22 Sep. 1840, Jas. Woodard, J.P.
Jesse Grimes & Elizabeth Stark, 22 Sep. 1840. Sol.
Jas. Woodard, J.P.
Jesse Sadler & Sarah Sadler, 5 Oct. 1840. Sol.
8 Oct. 1840, James Gunn, M.G.
O.G. Tucker & Martha J. Sprouse, 5 Oct. 1840. Sol.
Edmd. Baldwin, M.G.

Page 25
William McCarley & Almyra Winfield, 23 Oct. 1840. Sol.
Thomas Cook, J.P.
James W. Draughon & Nancy Huey, 7 Nov. 1838. Sol.
Geo. Childress, J.P.
Jno. W. Ashabraner & Maryett Willis, 11 Dec. 1839.
Sol. Geo. Childress, J.P.
James L. Strickling & Nancy Harmon, 17 Aug. 1840. Sol.
18 Aug. 1840, William L. Baldry, M.G.
Joel Jenkins & Martha Tooley, 29 Oct. 1840. Sol.
George Childress, J.P.

Page 26
James Kelton & Mary Randolph, 21 Oct. 1840. Sol.
22 Oct. 1840, J.W. Judkins, J.P.
Linch T. Mantlo & Sarah Zech, 21 Oct. 1840. Sol.
22 Oct. 1840, Jas. Woodard, J.P.
James Brake & Manda Doyal, 5 Dec. 1840. Sol. D.R.
Harris, M.G.
James J. Wilson & Mary C. Nicholls, 20 Oct. 1840. Sol.
22 Oct. 1840, N. Morris, J.P.
John T. Simmons & Permelia Randolph, 5 Nov. 1840. Sol.
J.W. Judkins, J.P.
George B. Barbee & Nancy C. Chapman, 8 Dec. 1840. Sol.
William L. Baldry, M.G.
Daniel Chapman & A.P. Thompson, 9 Dec. 1840. Sol.
10 Dec. 1840, J.M. Gunn, J.P.

Page 27
William Boyd & Martha Berget, 10 Dec. 1840. Sol. Isaac
Steel, M.G.

Shadrick Gunn & Mahaley Emmery, 18 Dec. 1840. Sol.
   Isaac Steel, M.G.
A.C. Pace & Mary Suter, 24 Dec. 1840. Sol. N. Morris,
   J.P.
William Verham & Mary Connell, 10 Nov. 1840. Sol. John
   Lamaster, M.G.
John T. Batts & Mary Price, 31 Dec. 1840. Sol. Williamson
   Burgress, J.P.
John Choat & Barbary Bell, 23 Jan. 1841. Sol. 24 Jan.
   1841, L. Adams, M.G.

Page 28
Azariah B. Boon & Mary A. Johnson, 12 Oct. 1840. Sol.
   U. Young, J.P.
Nicholas T. Ring & Nancy T. Dancy, 29 Dec. 1840. Sol.
   Thomas Gunn, M.G.
John M. Myres & Caroline Rolin, 14 May 1840. Sol.
   Robt. Williams, M.G.
Alfred Jones & Polly Farthing, 10 Sep. 1840. Sol.
   18 Sep. 1840, Robt. Green, J.P.
Elbert Woodard & Harriet Moore, 28 Nov. 1840. Sol.
   30 Nov. 1840, Robt. Green, J.P.
Jeremiah Fyke & Beady Lellan, 25 Jan. 1841. Sol.
   28 Jan. 1840, Robt. Green, J.P.

Page 29
William R. Doss & Mary Morris, 13 Nov. 1840. Sol.
   15 Nov. 1840, R.B. Mitchell
Jonathan Cagle & Elizabeth Miles, 23 Jan. 1841. Sol.
   28 Jan. 1841, Charles Crafford, J.P.
Richd. Swift & Sarah Robertson, 3 Aug. 1840. Sol.
   6 Aug. 1840, Charles Crafford, J.P.
Champ T. Cole & Polly Covington, 1 Oct. 1840. Sol.
   8 Oct. 1840, W. Hailey, J.P.
James Stewart & Nancy Simmons, 21 Dec. 1840.

Page 30
Bartholemew Egmon & Paulina Kelly, 2 Feb. 1841. Sol.
   Elisha House, M.G.
Stephen Roberts & Virginia Forb, 30 July 1840.
Wm. Roland & Lucina McNeill, 22 Dec. 1840. Sol.
   Jeremiah Batts, J.P.
Varary Boren & Kerziah Boren, 17 Dec. 1840. Sol. R.B.
   Mitchell
John T. Read & Susannah J. Moore, 31 Dec. 1840. Sol.
   Wm. T. Baldry, M.G.
John B. Parsons & Syntha A. Powell, 24 Feb. 1841. Sol.
   25 Feb. 1841, J.M. Gunn, J.P.
J.H.W. Baker & Mary March, 27 Feb. 1841. Sol. J.W.
   Ferguson, J.P.

Page 31
William Felts & Sarah Hastins, 19 March 1840. Sol.
Thomas H. Drain & Malinda Summer, 3 April 1840. Sol.
   Isaac Steele

8

ROBERTSON COUNTY MARRIAGES

Clabown Reeder & Sarah Brumbelow, 12 Nov. 1838. Sol.
14 Nov. 1838, Charles Crafford, J.P.
John Roberts & M.R. Brashear, 31 Dec. 1840. Sol. Isaac
Steele
John T. Harris & Susan Tisdale, 14 Feb. 1841. Sol.
Isaac Steele
Charles Howard & Eliza Conaway, 16 Feb. 1841. Sol.
Isaac Steele, M.G.
Berry Pennington & Nancy Caudle, 16 Feb. 1841. Sol.
Isaac Steele

Page 32
Abner Edwards & Sally Maxey, 25 Jan. 1840. Sol.
William Felts, M.G.
J.M. Pintron & Avy G. Price, 9 Jan. 1841. Sol.
15 Jan. 1841, Isaac Steele
Henry Talley & Mary Gambill, 8 Sep. 1840. Sol.
9 May 1840, Isaac Steele
James Leake & Sarah Ann Howard, 28 Dec. 1840. Sol.
Isaac Steele
James M. Holland & Eliza Ann Turner, 6 Dec. 1840. Sol.
Isaac Steele
James M. Lawrence & Sarah Plumer, 15 Nov. 1840. Sol.
Isaac Steele
Isaiah Hampton & Ann Bernard, 27 Oct. 1840. Sol. Isaac
Steele
Noah Good & Syntha Mae Fykel, 8 March 1841. Sol. Jas.
Gunn, M.G.

Page 33
Thomas Ragsdale & Nancy Townsend, 22 Dec. 1840. Sol.
24 Dec. 1840, Warren M. Pitts, M.G.
Samuel F. Mitchell & Mary E. Limebaugh, 14 April 1841.
Sol. 15 April 1841, James Gunn, M.G.
Charles Murrah & Nancy H. Hudgins, 29 Nov. 1840. Sol.
20 Dec. 1840, J.W. Hunt, J.P.
F.F.D. Ward & Catherine Brown, 18 April 1841. Sol.
Jas. Woodard, J.P.
Alvis Pitts & Mary C. Gregory, 2 March 1841. Sol.
4 March 1841, James Woodard, J.P.
John Zech & E.P. Walton, 8 Nov. 1840. Sol. Jas.
Woodard, J.P.
James Hall & Nancy Holland, 25 March 1841. Sol. William
T. Baldry, M.G.
John Minnick & Sarah Taylor, 15 May 1841. Sol. Benjamin
Gambill, J.P.

Page 34
John C. Benson & Sally Traughber, 19 May 1841. Sol.
Benja. Gambill, J.P.
J.E. Vaught & Luvecea Daubs, 22 May 1841. Sol. J.B.
Pitts, J.P.
Byram Brakefield & Ann Benton, 7 May 1841. Sol. Tho.
E.T. McMurry, J.P.

9

James K. Caudle & Mary E. Alsbrook, 5 June 1841. Sol.
6 June 1841, J.W. Ferguson, J.P.
Richard Paraise & Sarah Smiley, 14 April 1841. Sol.
15 April 1841, Charles Crafford, J.P.
Jesse M. Davis & Sarah C.E. Featherston, 29 March 1841.
Sol. Jeremiah Batts, J.P.
Fielding Stark & Nancy Heatle, 26 April 1841. Sol.
27 April 1841, M. Haley, J.P.
Gabriel Choat & James Brewer, 16 Oct. 1841. Sol.
17 Oct. 1841, Richd. Chowning, J.P.

Page 35
Phillip L. Raley & Rachel Hickman, 18 April 1841. Sol.
19 April 1841, W. Holland, J.P.
William H. Posey & Sally Wilson, 31 May 1841. Sol.
A. Justin, J.P.
Wesley H. Hyde & Martha L. Pilant, 24 May 1841. Sol.
A. Justin, J.P. for said County
John Crafford & Sally Pepper, 19 June 1841. Sol.
20 June 1841, Isaiah Warren, J.P.
William Gentry & Anney Brewer, 6 Aug. 1841. Sol. Richd.
Chowning, J.P.
Thomas J. Hightower & Addline Featherston, 24 Sep. 1841.
Sol. Richd. Chowning, J.P.
James Moss & Martha Chowning, 21 May 1841. Sol. Richd.
Chowning, J.P.
Samuel May & Sarah Mitchell, 14 April 1841. Sol.
15 May 1841, R.B. Mitchell, J.P.

Page 36
George W. Lovell & Eliza Dorris, 22 May 1841. Sol.
26 May 1841, William D. Baldin, M.G.
John G. Dowlen & Rachel Carter, 30 June 1841. Sol.
A. Justin, J.P.
Thomas Alsbrook & Lucina Daubs, 17 July 1841. Sol. H.
Forey, J.P.
James T. Craig & Nancy A. Reasing, 15 July 1841. Sol.
Reverend Thomas Martin
William B. Farmer & Julia A.M. White, 24 July 1841. Sol.
25 July 1841, H. Frey, J.P.
Robert Moore & Elizabeth Alley, 13 Jan. 1836. Sol.
15 Jan. 1836, William Shaw, M.G.
John Hughan & Hannah Hunt, 1 June 1841. Sol. William
Shaw, M.G.
Larkin Gower & Rhapsy Grimes, 7 July 1841. Sol.
18 July 1841, William Shaw, M.G.

Page 37
E.G. Murphy & Nancy G. Williams, 9 Aug. 1841. Sol.
H. Frey, J.P.
John A. Swann & Mildred Yates, 2 Aug. 1841. Sol.
5 Aug. 1841, J.W. Judkins, J.P.
John A. Griffin & Sarah I. Hardy, 13 Aug. 1841. Sol.
14 Aug. 1841, Lewis Adams, M.G.

ROBERTSON COUNTY MARRIAGES

James A. Shaw & Mahalia Robins, 31 Aug. 1841. Sol.
  1 Sep. 1841, Wm. D. Baldwin, M.G.
John G. Hollaway & Susan Sory, 11 Sep. 1841. Sol.
  12 Sep. 1841, Robt. Williams
William L. Coleman & Lucy I. Bryant, 2 Sep. 1841. Sol.
  Robert Green, J.P.

Page 38
Charles Simpson & Virginia Chastene, 9 Aug. 1841. Sol.
  Benj. Gambill, J.P.
John Coon & Lovey Etherage, 18 Aug. 1841. Sol. Benja.
  Gambill, J.P.
David V. Sanders & Susan May, 2 Sep. 1841. Sol. U.
  Young, J.P.
William Miles & Susannah Haley, 31 March 1841. Sol.
  Isaiah Warren, J.P.
Samuel Smith & Marthy Rice, 26 June 1841. Sol. W.
  Hollard, J.P.
Robt. C. Patterson & Elizabeth McMurry, 2 Oct. 1841.
  Sol. 3 Oct. 1841, J.W. Judkins, J.P.
James H. Beasley & Polly B. Procter, 19 Sep. 1841. Sol.
  Benjamin Gambill, J.P.

Page 39
John Griffin & Sarah J. Hardy, 13 Aug. 1841. Sol.
  14 Aug. 1841, Lewis Adams, M.G.
George L. Blewitt & Nancy L. Harris, 23 Sep. 1841. Sol.
  R.D. Harris, M.G.
Tolbert L. Dalton & Angeline Mathews, 13 Sep. 1841. Sol.
  Robt. Draughon, J.P.
William L. Barry & Malinda Jernigan, 22 Sep. 1841. Sol.
  23 Sep. 1841, W.L. Payne, J.P.
Jackson Amos & Elizabeth Musick, 31 Aug. 1841. Sol.
  W.L. Payne, J.P.
William P. Barry & Eleanor Wright, 3 Oct. 1837. Sol.
  2 Nov. 1837, W.L. Payne, J.P.

Page 40
J.L. Holland & Martha Bigbee, 2 Oct. 1841. Sol.
  3 Oct. 1841, W.L. Payne, J.P.
Anderson Johnson & Mary R.B. Pack, 16 Aug. 1841. Sol.
  19 Sep. 1841, W.L. Payne, J.P.
Berry Wilson & Perniece Williams, 30 Aug. 1841. Sol.
  31 Aug. 1841, W.L. Payne, J.P.
John W. Woodall & Nancy Sulam, 20 June 1841. Sol.
  22 June 1841, W.L. Payne, J.P.
Marley Dorris & Susan Brumbelow, 15 Sep. 1841. Sol.
  Wm. D. Baldwin, M.G.
Anderson Mathews & Susan Powell, 14 Oct. 1841. Sol.
  Robt. Draughon, J.P.

Page 41
Gustin Noe & Malinda Corbwin, 15 Aug. 1841. Sol. Jas.
  Woodard, J.P.

Henry Butt & Emeline Fiser, 21 Oct. 1841. Sol.
  24 Oct. 1841, Robt. Draughan, J.P.
William H. Haggard & Elizabeth Holman, 19 Oct. 1841.
  Sol. Jas. Woodard, J.P.
James T. Browning & Elizabeth Crafford, 7 Sep. 1841.
  Sol. Isaiah Warren, J.P.
William Agee & Syntha Wynn, 29 Sep. 1841. Sol.
  30 Oct. 1841, Charles Crafford, J.P.
Bradford Clinard & Nancy Justice, 23 Oct. 1841. Sol.
  24 Oct. 1841, William D. Baldwin, M.G.

Page 42
John T. Davis & Eliz McNeilly, 31 Oct. 1841. Sol. D.R.
  Harris, M.G.
W.L. Foster & Susan L. Cheatham, 28 Oct. 1841. Sol.
  D.R. Harris, M.G.
Christopher White & Mary A. Shreevis, 23 Oct. 1841. Sol.
  W.L. Payne, J.P.
Daniel Cothern & Martha Nimro, 5 Aug. 1841. Sol. Isaac
  Steele, M.G.
James G. Murphy & Lucinda Howard, 9 July 1841. Sol.
  13 July 1841, Jeremiah Batts, J.P.
L.L. Williams & Ann Boatright, 23 Sep. 1841. Sol. Isaac
  Steele, M.G.
D.D. Holman & Mary A. Polk, 3 Oct. 1841. Sol. Mitton
  Raney, M.G.

Page 43
Joseph Grant & Harriet A. Atkins, 7 July 1841. Sol.
  Mitton Raney, M.G.
Thomas B. Marshall & Mary Ann Browning, 11 Nov. 1841.
  Sol. Jas. Woodard, J.P.
John Morgan & Laura Gorham, 18 Nov. 1841. Sol. J.B.
  Pitte, J.P.
Edward C. Garrett & Susan Taylor, 23 Dec. 1841. Sol.
  Wm. T. Baldry, M.G.
Thomas Frey & Jane Farthing, 14 Dec. 1841. Sol.
  20 Dec. 1841, Wm. T. Baldry, M.G.
James M. Stroud & Oylann Givvins, 24 Dec. 1841. Sol.
  Wm. T. Baldry, M.G.

Page 44
Saml H. Elliott & Nancy Hyde, 12 Sep. 1841. Sol. J.W.
  Hunt, J.P.
Thos G. Sprouce & Malinda Beasley, 24 Dec. 1841. Sol.
  26 Dec. 1841, Wm. D. Baldwin, M.G.
Saml. Fuqua & Malinda Clinard, 17 Nov. 1841. Sol.
  18 Nov. 1841, Benja. Rawls, M.G.
Robert Sory & Elizabeth Adams, 13 Nov. 1841. Sol.
  15 Nov. 1841, John Bell, J.P.
Thomas Hunt & Susan Shiven, 28 June 1841. Sol.
  8 July 1841, J.W. Hunt, J.P.

Page 45

John R. Stricklin & Katherine Campbell, 8 Nov. 1841.
Sol. Benja. Gambill, J.P.

Wm. W. Graham & Francess Woodall, 14 July 1841. Sol.
15 July 1841, Benja. Gambill, J.P.

James M. Shelton & Sarah Hetterbram, 23 Dec. 1841. Sol.
Wm. L. Baldry, M.G.

Abel O. Babb & Juliet Straughn, 10 Oct. 1841. Sol.
Benja. Gambill, J.P.

S.W.D. Scott & S.A. Adcock, 22 April 1841. No
certificate

Rawls Maxey & Rebecca M. Edwards, 22 April 1841. Sol.
8 Aug. 1841, William Fitt, M.G.

Page 46

J.G. Mason & Mary Roberts, 7 Dec. 1841. Sol. Robt.
Green, J.P.

Charles Person & Sarah Breakfield, 9 July 1841. Sol.
11 July 1841, Charles Crafford, J.P.

Richd Cannon & Malinda Young, 23 Dec. 1841. Sol. A.
Justin, J.P.

Wm. Newton & Charlotte Anderson, 1 Dec. 1841. Sol.
3 Dec. 1841, Charles Crafford, J.P.

Meredith Long & Nancy Roberts, 14 Dec. 1841. Sol.
Jas. Warren, J.P.

William B. Porter & Oliva A. Newton, 28 Dec. 1841. Sol.
Robert Draughon, J.P.

R.W. Thompson & Rachel Roberts, 21 Dec. 1841. Sol. Jas.
Woodard, J.P.

Page 47

Jesse Roberts & Elizabeth Williams, 9 Dec. 1841. Sol.
Jas. Woodard, J.P.

James P. Bivins & Martha D. Stewart, 14 Oct. 1841. Sol.
A. Justin, J.P.

Samuel A. Graves & Mary A. Farmer, 6 Jan. 1842. Sol.
D.R. Harris, M.G.

W.P. Blick & Ann Camelay, 4 Jan. 1842. Sol. Jas.
Woodard, J.P.

Hiram R. Murphy & Nancy Winters, 3 Jan. 1841. Sol.
6 Jan. 1842, Robt. Draughon, J.P.

Dempsy House & Polly Johns, 28 Oct. 1842. Sol. Robt.
Green, J.P.

Charles W. Beaumont & Nancy Bradley, 2 Sep. 1841. Sol.
Call A. Slater

Page 48

Elisha Binkley & Harriet J. McCormack, 6 Aug. 1841. Sol.
8 Aug. 1841, John Forbes, J.P.

Alphous Elliott & Mary Eliz. Barbee, 28 Oct. 1839. Sol.
29 Oct. 1839, John Forbes, J.P.

Williard Everett & Barbary Maxey, 11 Dec. 1841. Sol.
19 Dec. 1841, John Forbes, J.P.

Charles Ghurt & Mary Sanders, 18 Feb. 1840. Sol.
23 Feb. 1840, John Forbes, J.P.

ROBERTSON COUNTY MARRIAGES

Page 49
Mathew V. Fyke & Sally A. Mathews, 28 Feb. 1842. Sol.
Robt. Green, J.P.
Daniel Hudgins & Nancy D. Durham, 23 Dec. 1841. Sol.
Robt. Green, J.P.
Hiram Rice & Nancy Roland, 20 Oct. 1841. Sol. Robt.
Green, J.P.
John B. Farthing & Martha Farthing, 27 Jan. 1842. Sol.
Thomas Gunn, M.G.
John Brewer & Nancy A. Forister, 25 Sep. 1841. Sol.
26 Sep. 1841, W. Haley, J.P.

Page 50
Crawford Cole & Elizabeth Whitemill, 23 Dec. 1841. Sol.
Benja. Gambill, J.P.
Hall Willie & Nancy Babb, 17 Feb. 1842. Sol. Benja.
Gambill, J.P.
Alexander C. Cook & Sally A. Stark, 12 Dec. 1841. Sol.
Benjamin Gambill, J.P.
J. Ray Tillman & Sarah Dark, 12 Dec. 1841. Sol. Benja.
Gambill, J.P.
Jesse Reasons & Wilmouth A. Wattson, 26 Aug. 1841. Sol.
R.B. Mitchell, J.P.

Page 51
Thomas W. Bracy & Martha P. Alsbrook, 25 Feb. 1842. Sol.
27 Feb. 1842, A. Justin, J.P.
James L. Shettan & Drusilla Woodard, 20 Jan. 1842. Sol.
W.L. Baldry, M.G.
John Matthews & Sally Harrison, 24 Jan. 1842. Sol.
R.B. Mitchell, J.P.
Joseph W. Fort & Susan M. Whitfield, 7 Jan. 1842. Sol.
R.B. Mitchell, J.P.
William England & Mary Savage, 8 Jan. 1842. Sol.
9 Jan. 1842, James Sprouse, J.P.
A.L. Smith & M.M. Long, 8 March 1842. Sol. W.L. Baldry,
M.G.

Page 52
John C. Blankenship & Eliz Murphy, 30 Nov. 1841. Sol.
Benjamin Rawls, M.G.
David L. Alsbrooks & Adaline A. Green, 9 May 1840. Sol.
10 May 1840, Benjamin Rawls, M.G.
Drury Easley & Cassander Farley, 14 March 1842. Sol.
W.L. Payne, J.P.
Pitts Lynn & Polly L. Miles, 13 Jan. 1842. Sol.
Joseph B. Pitts, J.P.
Benjamin F. Holland & Angeline Menees, 20 Jan. 1842.
Sol. Benja. Rawls, M.G.
Charles F. Miller & Weathly I. Ventress, 28 March 1842.
Sol. Benja. Rawls, M.G.

Page 53
Albrittian M. Drake & Eliz A. Hancock, 20 Oct. 1841.
Sol. 26 Dec. 1841, U. Young, J.P.

14

George W. Stone & Matilda Cole, 19 Jan. 1842. Sol.
  Wm. D. Baldwin, M.G.
Wesley W. Moulton & Cyrone Stark, 4 April 1842. Sol.
  Jas. Woodard, J.P.
Kindred Wilson & Martha Choat, 5 Feb. 1842. Sol.
  10 Feb. 1842, Tho. Cook, J.P.
J.H. Hull & Martha Walton, 26 March 1842. Sol. Tho.
  Cook, J.P.
James Brewer & Nancy A. Frey, 18 Oct. 1841. Sol.
  4 April 1842, Richard Chowning

Page 54
Redick Rose & Lucy Clayton, 7 Feb. 1842. Sol.
  8 Feb. 1842, Tho. W. Felts, Minister
Jackson Rust & Sarah Traughber, 3 March 1842. Sol.
  6 March 1842, T.W. Felts, Min.
Mansfield Jenkins & Rachel Warren, 9 March 1842. Sol.
  J.B. Pitts, J.P.
Reuben Ellimore & Julia Crawford, 18 Sep. 1842. Sol.
  Richd. Chowning, J.P.
Milton Ramy & Phebe G. Gunn, 3 May 1842. Sol. James
  Gunn, M.G.
William Draughon & Martha J. Ruffin, 24 Feb. 1842. Sol.
  Robert Draughon, J.P.

Page 55
John Cook & Sarah T. Brewer, 14 Jan. 1842. Sol.
  4 April 1842, Richd Chowning, J.P.
Reuben Lawrence & Eliza Tanner, 23 May 1842. Sol.
  Benjamin Rawls, M.G.
Thomas M. Martin & Marina O. Glover, 18 March 1842.
  Sol. 20 March 1842, Thomas Martin, M.G.
John Lawes & Zelphy J. Ellis, 20 April 1842. Sol. H.
  Frey, J.P.
George W. Perkerson & Emiley A. Roach, 31 Dec. 1840.
  Sol. Robt. Williams, M.G.
Millington Easley & Eliz Ann Davis, 6 June 1842. Sol.
  W. Seal, J.P.

Page 56
Thomas Gunn & Mary A. Newton, 28 Dec. 1841. Sol.
  Jeremiah Batts, J.P.
Josephus C. Marchal & Juanith A. Spain, 7 June 1842.
  Sol. James Gunn, M.G.
James Benton & Mary Dickerson, 4 June 1842. Sol.
  5 June 1842, Jesse L. Ellis, J.P.
Thomas J. Payne & Eliz Roney, 14 June 1842. Sol. W.L.
  Payne, J.P.
Josiah Biggs & Nancy Redfern, 27 June 1842. Sol.
  28 June 1842, W.L. Payne, J.P.
Samuel Baley & Mariah Adcock, 28 Nov. 1838. Sol. B.
  Rawls, M.G.

ROBERTSON COUNTY MARRIAGES

Page 57
George Forde & Emeline Love, 4 Oct. 1839. Sol.
James J. Chambers & Sally Ann Seal, 6 Aug. 1840. Sol.
   Benjamin Rawls, M.G.
J.D. Dover & Jane Gentry, 2 March 1841. Sol.
   3 March 1841, Benja. Rawls, M.G.
Eli Reavis & Eliz Smith, 14 April 1841. No Return
Carroll W. Hyde & H.A. Manloves, 18 March 1841. No
   Return
Joel Chaudion & Martha A. Felts, 31 Aug. 1841. Sol.
   2 Sep. 1841, Benjamin Rawls, M.G.
Solomon Fiser & Matilda Crockett, 10 Oct. 1839. Sol.
   Benjamin Rawls, M.G.
William C. Rawls & Mary A.M. Green, 26 Sep. 1839. Sol.
   Benjamin Rawls, M.G.

Page 58
Alexander Ally & Rachel Binkley, 6 Aug. 1842. Sol.
   7 Aug. 1842, S. Brewer
William H. Heath & Caroline Ayres, 11 July 1842. Sol.
   12 July 1842, Richd. W. Bell, J.P.
James M. Johnson & Emily T. Ayres, 21 July 1842. Sol.
   Richd. W. Bell, J.P.
Benjamin Crabtree & Sally Brewer, 14 May 1842. Sol.
   Thos. Cook, J.P.
Geo. W. Featherston & Patsy Redfern, 29 March 1842. Sol.
   Benja. Gambill, J.P.

Page 59
Henderson Fletcher & Emeline Benton, 1 Aug. 1842. Sol.
   2 Aug. 1842, Tho. T. McMurray, J.P.
Henry Turner & Beersheby Holland, 14 Dec. 1841. Sol.
   W. Holland, J.P.
H.M. Martin & Eliza Redfern, 16 Aug. 1842. Sol. W.L.
   Payne, J.P.
Mary J. Powell & Lewis Powell, __ March 1842. Sol. W.
   Holland, J.P.
Richd. B. Rose & Clarissa Mason, 4 May 1840. Sol. W.
   Holland, J.P.
John Walker & Lucy Gibson, 3 July 1842. Sol. A.L.P.
   Green, M.G.
William H. Stoval & Nancy B. Holland, 21 Oct. 1842. Sol.
   W. Holland, J.P.
John Chapman & Eliz C. Thompson, 5 March 1842. Sol. W.
   Holland, J.P.

Page 60
John Chapman & Elizabeth Thompson, 5 March 1842. Sol.
   W. Holland
Abraham Broadrick & Louisa Krisles, 8 Oct. 1842. Sol.
   James Woodard, J.P.

Page 61
John Flood & Mary A. Stark, 30 Dec. 1842. Sol.
  1 Jan. 1843, James Woodard, J.P.
Jackson Crockett & Eliz Fiser, 29 Dec. 1842. Sol.
  W. Seal, J.P.
Joseph T. Taylor & Mary J. Darden, 3 Nov. 1842. Sol.
  James L. Adams, J.P.
Edmond W. Hughes & Nancy Mason, 17 Nov. 1842. Sol.
  22 Nov. 1842, Thomas Gunn, M.G.
Richd. Wilks & Martha Sneed, 5 Nov. 1842. Sol. Thomas
  Gunn, M.G.
James W. Williams & Malvina Carter, 27 Dec. 1842. Sol.
  James Sprouse, J.P.

Page 62
Eldnage W. Dorris & Louisa England, 27 Sep. 1842. Sol.
  28 Sep. 1842, James Sprouse, J.P.
Withbaler Branson & Jane Hardison, 1 Jan. 1843. Sol.
  D.G. Baird, J.P.
William W. Vaughan & Martha A. Bailey, 19 Oct. 1842.
  Sol. 20 Oct. 1842, Tho W. Ruffin, J.P.
John Pace & Ruthia Darden, 28 Nov. 1842. Sol. R.
  Pennington, J.P.
W.W. Ayres & Nancy Johnson, 25 Oct. 1842. Sol.
  25 ____ 1842, Richd. W. Bell, J.P.
H.G. Larkin & Susan Frey, 1 April 1841. Sol.
  4 April 1841, M. Parks,
Jesse M. Spright & Sarah T. Bryan, 1 April 1841. Sol.
  4 April 1841, H. Parks,
Wm. W. Burnett & Martha Dowlen, 3 Aug. 1842. Sol.
  4 Aug. 1842, J.W. Hunt, J.P.

Page 63
William Sherrod & Mary Reed, 3 Aug. 1842. Sol. Lewis
  Adams, M.G.
Westley W. Pepper & Penny Young, 12 Nov. 1842. Sol.
  13 Nov. 1842, D.R. Harris, M.G.
John A. Dudley & Katherine Haydon, 30 Aug. 1842. Sol.
  U. Young, J.P.
John C. May & Mary A.M. Mitchell, 4 July 1842. Sol.
  5 July 1842, Jas. L. Adams, J.P.
R.K. Hicks & Ann R. Greer, 18 Oct. 1842. Sol. Thomas
  Farmer, J.P.
Sherrod Hunter & Lydia Hunter, 10 Oct. 1841. Sol.
James Babb & Annus Jones, 9 Nov. 1842. Sol.
  10 Nov. 1842, Greenberry Kelly

Page 64
Joseph Babb & Eliz Rose, 13 April 1842. Sol. Isaac Steel
Geo. Wright & Elena Hunt, Executed
Greenberry Greer & Katherine Hide, 1 Sep. 1842. Executed
Richd. P. Winn & Eliz Richeson, 26 June 1841. Sol.
  27 June 1841, W.L. Baldry, M.G.
Alvin Berry & Agness Haley, 16 Sep. 1842. Sol.
  21 Sep. 1842, David Jones, J.P.

George Hazle & Milly Wheeler, 5 Nov. 1842. Sol. W.L.
Payne, J.P.

Page 65
John B. Schenck & Caroline A. Becknell, 6 Oct. 1842.
Sol. 12 Oct. 1842, Thos. Wheat, Rector of Christ
Church Nashville
Arthur L. Burk & Matilda M. Henry, 3 Oct. 1842. Sol.
5 Oct. 1842, Wm. L. Baldry, M.G.
Geo. H. Johnson & Louisa Smith, 14 Sep. 1842. Sol.
15 Sep. 1842, Thomas Farmer, J.P.
L.J. Truman & Martha Pennington, 13 Oct. 1841. Sol.
Robt. Williams
William F. Gullege & Pheby Dorris, 20 Aug. 1842. Sol.
W.L. Baldry, M.G.
Mary J. Powell & Lewis Powell, 13 March 1842. Sol.
W. Holland, J.P.
John E. Reed & Harriet E. Sherod, 3 Aug. 1842. Sol.
Lewis Adams

Page 66
John C. Bigbee & Harriet E. Clark, 13 Aug. 1842. Sol.
Greenberry Kelly
Alford Dolton & Eliz Borders, 31 May 1842. Sol. U.
Young, J.P.
Willie Heiflin & Emily Adams, 5 Sep. 1842. Sol.
8 Sep. 1842, Jas. L. Adams, J.P.
James Cook & Martha J. Overstreet, 20 Sep. 1842. No
Return
Geo. E. Draughon & Tabitha Couts, 8 Nov. 1842. Sol.
W. Seal, J.P.
James Randolph & Eliz Jones, 23 Oct. 1842. Sol.
25 Oct. 1842, J.W. Judkins, J.P.
Jesse Sawyers & Melissa A. Winters, 22 Oct. 1842. Sol.
29 Oct. 1842, J.L. Ellis, J.P.
William A. Holman & Ann Mason, 12 Jan. 1843. Sol. Jas.
Woodard, J.P.
Geo. Murphy & Rebeca F. White, 3 May 1843. Sol.
4 May 1843, Jesse L. Ellis, J.P.
John Pepper & Mary Cannon, 23 Feb. 1843. Sol. A.
Justice, J.P.
Isaac Robertson & Julia Cannon, 9 July 1843. Sol.
Thomas Farmer, J.P.
Joseph A. Tucker & Louisa V. Rowe, 21 March 1843. Sol.
25 March 1843, James Sprouse, J.P.
Samuel Tucker & Martha Ellmore, 17 Feb. 1843. Sol.
James Sprouse, J.P.

Page 67
Archer S. Dorris & Nancy Ellmore, 1 March 1843. Sol.
2 March 1843, James Sprouse, J.P.
James W. Gower & Milly Head, 12 Nov. 1841. Sol.
16 Nov. 1841, William Shaw, M.G.
Ardra H. Gooche & Martha J. Johnston, 4 June 1843. Sol.
Joel Whitton

Albert Byram & Eliz. McGuire, 24 Dec. 1842. Sol.
27 Dec. 1842, C. Woodall, J.P.
William Johnson & Louisa Ayres, 16 Oct. 1841. Sol.
T.W. Felts, Min.
Jonathan Batts & Mary M. Bandy, 4 Feb. 1843. Sol.
5 Feb. 1843, J.L. Adams, J.P.
Wm. H. Mosely & Hariet Bagby, 4 Feb. 1843. Sol. D.G.
Baird, J.P.

Page 68
W.L. Dorris & Martha Johnson, 5 March 1843. Sol. J.L.
Adams, J.P.
Coleman Farthing & Mariah Jones, 2 Jan. 1843. Sol.
Robt. Green, J.P.
Henry Shaw & Martha A. Sherron, 3 Jan. 1843. Sol.
4 Jan. 1843, John Forbes, J.P.
Plummer W. Teasley & Eliz. Miles, 31 Jan. 1843. Sol.
1 Feb. 1843, John Forbes, J.P.
John Saunders & Nancy Saunders, 11 Oct. 1843. Sol.
John Forbes, J.P.

Page 69
Benard Brickles & Hepsey B. Shaw, 1 Dec. 1841. Sol.
William Shaw, M.G.
John Rose & Eliz. Smith, 23 March 1843. Sol. W.L. Payne,
J.P.
John Satterfield & Sarah Bowers, 23 March 1843. Sol.
W.L. Payne, J.P.
Allen H. Wingo & Nancy F. Shaw, 1 Dec. 1841. Sol.
William Shaw, M.G.
Samuel Horton & Lucinda Martin, 2 Jan. 1843. Sol. W.L.
Payne, J.P.
William L. Davis &

Page 70
Henry Stone & Susan K. Frey, 27 July 1842. No Return
Edward Newton & L.M.J. Winn, 1 April 1843. Sol.
13 April 1843, Richd. W. Bell, J.P.
Robert Bartlett & Jane M. Gunn, 15 April 1843. Sol.
16 April 1843, J.M. Gunn, J.P.
Napolean B. Neal & Martha Bobbett, 17 April 1843. Sol.
18 April 1843, W.W. Williams. J.P.
Reason S. Potter & Ann E. Shackleford, 8 Jan. 1843. No
Return
J.T. Durrett & E.J. Patton, 3 Aug. 1842. No Return
James McCasland & Matilda Pike, 19 Sep. 1842. No Return

Page 71
Marcus Hall & Sarah Crawford, 23 Nov. 1842. Sol.
8 Dec. 1842, W.L. Payne, J.P.
Andrew Bell & Mary Frey, 2 Jan. 1843. No Return
Anderson Adcock & Terry Wilson, 16 Nov. 1843. Sol.
20 Nov. 1842, Wm. D. Baldwin, M.G.
Grandville J. Denning & Malvina Cooper, 18 Nov. 1842.
Sol. C. Woodall, J.P.

J.E. McMurry & Malone Edwards, 28 Jan. 1843. Sol.
30 Jan. 1843, Joel Whitten
David O. Guerin & Emeline Taylor, 23 Jan. 1843. Sol.
24 Jan. 1843, James Sprouse, J.P.

Page 72
Franklin Warren & Ann E. Amos, 23 Dec. 1842. Sol.
29 Dec. 1842, Isaiah Warren, J.P.
Harry B. Winters & Sarah J. True, 13 July 1842. Sol.
14 July 1842, Wm. D. Baldwin, M.G.
John N. Frey & Lucinda Dean, 31 Jan. 1843. Sol. D.G.
Baird, J.P.
John M. Henry & Harriet B. Woodard, 10 Dec. 1841. Sol.
12 Dec. 1841, Robt. Green, J.P.
John A. Williams & Sarah Williams, 15 Jan. 1843. Sol.
D.D. Mason
Page 73
David C. Briggs & Sarah M. Whitscarver, 3 April 1843.
Sol. U. Young, J.P.
John Boren & Mary A. Wells, 14 Dec. 1842. Sol. U.
Young, J.P.
John Graham & Adalina Knight, 17 Nov. 1842. Sol. U.
Young, J.P.
Tho. M. Herendon & Mary M. Mart, 11 May 1843. Sol. U.
Young, J.P.
John Clevenger & Harriet Steel, 8 March 1842. Sol. T.W.
Felts, Minister
John W. Gorham & Lydia Traughber, 21 May 1843. No
Return
Robert Frizzle & Nancy McCloud, 27 March 1842. Sol.
Thos. W. Felts, Minister

Page 74
David Browder & Eliz. Irvin, 7 Nov. 1842. Sol.
8 Nov. 1842, A.H. Redfern
James T. Williams & Caroline Steel, 25 Dec. 1842. Sol.
Tho. W. Felts
Wm. H. Mosely & Harriet Bagly, 4 Feb. 1843. Sol. D.G.
Baird, J.P.
Lewis Thomas & Sarah Mantlo, 20 July 1843. Sol. Thomas
Farmer, J.P.
James M. Finlay & Mary Holland, 13 June 1843. Sol.
15 June 1843, Greenberry Kelly
Wm. A. Bernard & E.I. McMillin, 25 June 1843. Sol.
26 June 1843, John M. Nolen

Page 75
Henry G. Bibb & Sarah Adams, 30 July 1843. Sol. U.
Young, J.P.
John W. Goddard & Rebecca House Johns, 28 Aug. 1843. Sol.
W.L. Payne, J.P.
Bowling L. Poor & Sarah Ann Adams, 29 Oct. 1843. Report
probably on the Bond
John C. Curd & Mary E. Price, 17 July 1843. Sol. U.
Young, J.P.

Dave Grant & Tibitha J.Y. Hutchison, 9 Aug. 1843. Sol.
   G.W. Dye
Wm. W. Thomas & Martha Smith, 3 Aug. 1843. Sol. Robt.
   Draughan, J.P.
James V. Roy & Ann Virginia Harbison, 16 Dec. 1843.
   No Return

Page 76
Elijah Deen & Panelope Taylor, 28 Dec. 1843. Sol.
   28 ____ 1843, Jas. Woodard, J.P.
George Barnes & Caroline C. McNeil, 21 Nov. 1843. No
   Return
Charles Howard & Mary Randolph, 20 Nov. 1843. Sol.
   Greenberry Kelly, M.G.
D.C. Sanders & Sarah A. Duke, 14 Dec. 1843. Sol. Thomas
   Martin, M.G.
James Rose & Martha Taylor, 10 Jan. 1844. Sol. Robert
   Green, J.P.
Mitchell G. Thurman & Mary R. Worsham, 20 May 1843.
   Sol. 25 May 1843, James Sprouse, J.P.
Miles A. Jackson & Sary A.G. Spears, 28 Nov. 1843. Sol.
   Lewis Adams, M.G.

Page 77
M.D.L. Williams & Louisa Jane Adams, 23 Dec. 1843. Sol.
   28 Dec. 1843, Jesse L. Ellis, J.P.
Moses J. Rowe & Sarah D. Dorris, 4 Dec. 1843. Sol.
   5 Dec. 1843, Wm. D. Baldwin, M.G.
Ambrose D. Owen & Elizabeth Trimble, 24 Dec. 1843. Sol.
   D.G. Baird, J.P.
Stephen Rodden & Jane F. Adcock, 11 Dec. 1843. Sol.
   Isaac Steel, M.G.
Giles A. Saunders & Phebe Simmons, 5 June 1843. Sol.
   John Forbes, J.P.
Geo. W. Easley & Mahala Miller, 19 Oct. 1843. Sol.
   20 Oct. 1843, A. Justice, J.P.
Thomas Foster & Harriet Williams, 8 Nov. 1843. Sol.
   9 Nov. 1843, W.L. Baldry, M.G.

Page 78
Wilford C. Jackson & Susan E. Barnes, 23 Dec. 1843.
   Sol. 24 Dec. 1843, Jas. Turner, M.G.
Clabourn Derrett & E.J. Long, 25 Oct. 1843. Sol. David
   Jones, J.P. for said County
Meredith Stark & Martha Pope, 4 Nov. 1843. Sol.
   5 Nov. 1843, W.L. Baldry, M.G.
Wm. R. Seal & Mary Ann Frey, 6 Sep. 1843. Sol. Richd.
   Chowning, J.P.
Perry M. Peesley & Amanda Price, 14 Dec. 1843. Sol.
   U. Young, J.P.
Wm. M. Adams & Mary A. Seymore, 2 Nov. 1843. Sol. U.
   Young, J.P.
Alfred Hodges & Mary Russell, 17 Aug. 1843. Sol. U.
   Young, J.P. for Robertson County

ROBERTSON COUNTY MARRIAGES

Page 79
John Vick & Susan J. Allison, 17 Dec. 1843. Sol. U.
   Young, J.P.
William Tyner & Semantha Newton, 28 Dec. 1843. Sol.
   U. Young, J.P.
Richard N. Foote & Eliza M. Denton, 11 Jan. 1844. Sol.
James M. Townsend & Matilda E. Farmer, 28 Sep. 1843. Sol.
   W.M. Pitts, M.G.
William H. Boyder & Louisa J.E. Harrison, 24 Oct. 1843.
   Sol.
Robert I. Baker & Frances A. Boyers, 31 Aug. 1843. Sol.
   U. Young, J.P.
James C. Porter & Susan Richison, 20 Aug. 1843. Sol.
   D.G. Bairds, J.P.
Chadiah Stone & Sally Stark, 24 Oct. 1843. Sol. Richard
   Chowning, J.P.

Page 80
Thos. J. Shaw & Sally A. Veal, 3 Sep. 1843. Sol. Jas.
   Gunn, M.G.
William Merrit & Sarah Powell, 4 Sep. 1843. Sol.
   6 Sep. 1843, W.M. Pitts, M.G.
William Pike & Lucy Choat, 19 Sep. 1843. Sol. 22 Sep.
   1842, C. Crafford, J.P.
John Hardyman & Anny Stanley, 1 Jan. 1842. Sol.
   5 Jan. 1842, Charles Crafford, J.P.
Thomas Willis & Susan Holland, 28 July 1843. Sol.
   8 Aug. 1843, D.G. Baird, J.P.
Wm. R. Deen & Harriet Aiken, 17 July 1842. Sol.
   18 July 1843, Jas. Woodard, J.P.
Squire Mozee & Louisa Adams, 26 Sep. 1843. Sol. James
   Woodard, J.P.
Thomas Newman & Patience Hope, 16 Sep. ____. Sol. James
   Woodard, J.P.

Page 81
Sterling W. Sherain & Eliza Harris, 10 Aug. 1843. No
   Return
Wm. O. Gilbert & Martha Ann Carr, 3 Sep. 1843. Sol.
   D.G. Baird, J.P.
John Henderson & Zelah Nanny, 6 March 1843. Sol. Isaac
   Steel, M.G.
William Rice & Susan Fykes, 2 Feb. 1843. Sol. W.L.
   Baldry, M.G.
Fanning J. Beasley & Joannah Williams, 9 Nov. 1843.
   Sol. W.L. Baldry, M.G.
Thomas Starks & Winny Stone, 9 Oct. 1843. Sol. Richd.
   Chowning, J.P.
Cornelius Hase & Katherine Dick, 11 Feb. 1843. Sol.
   Isaac Steel, M.G.
Geo. B. Sprouse & Martha A. Crafford, 27 Dec. 1843.
   Sol. Wm. L. Baldwin, M.G.

ROBERTSON COUNTY MARRIAGES

Page 82
Henry L. Farmer & Mary E. Goocha, 27 Dec. 1843. Sol.
R.W. Bell, J.P.
Jesse Davis & Henrietta Vick, 3 Dec. 1843. Sol.
4 Dec. 1843, Lewis Adams, M.G.
Alexander E. Rayan & Deland Pitts, 23 Jan. 1844. Sol.
D.G. Baird, J.P.
Franklin R. Gooch & Nancy C. Hubbard, 30 Dec. 1843. Sol.
2 Jan. 1844, Robt. Draughon, J.P.
John M. Copeland & Lourinda Eatherly, 2 Dec. 1843. Sol.
6 Dec. 1843, J.W. Judkins, J.P.
Joel Vaughon & Rebecca C. Gooch, 7 Sep. 1843. Sol. Thos.
W. Ruffin, J.P.
Geo. H. Whitehead & L.A. Gardner, 24 Nov. 1843. Sol.
Jas. L. Adams, J.P.
D. Neely & Jude Overstreet

Page 83
James Reneer & Susan Bowling, 15 Jan. 1844. Sol. James
Woodard, J.P.
Lilburn M. Jackson & Martha P. Gunn, 12 Feb. 1844. Sol.
6 March 1844, Lewis Adams, M.G.
Wm. H. Smith & Ann Eliz. Dobbs, 4 March 1844. Sol.
5 March 1844, Robert Draughon, J.P.
Joshua W. Featherston & E.M.P. Jackson, 27 Feb. 1844.
Sol. G.W. Twell, M.G.
Thomas Randolph & Loucinia Doss, 31 Jan. 1844. Sol.
6 Feb. 1844, Greenberry Kelly, M.G.
Wm. Meguire & Rebecca A. Williams, 11 Jan. 1844.
Thomas O. Bryan & Rebecca L. Cothran, 3 Jan. 1844.
Sol. 10 Jan. 1844, J.W. Hunt, J.P.
Andrew Traughber & Sarah Bailey, 1 March 1844. Sol.
3 March 1844, Hiram Rice, J.P.

Page 84
Mark Chambless & Mary V. Alley, 28 Feb. 1844. Sol.
2 March 1844, J.W. Hunt, J.P.
Aaron Maner & Mary A. Hubbard, 27 Feb. 1844. Sol. Robert
Draughon, J.P.
William Adcock & Sarah Joiner, 6 Feb. 1844. Sol. Benja.
Rawls, M.G.
Wm. L. Adams & Mary E. Batts, 30 Jan. 1844. Sol.
1 Feb. 1844, Jas. L. Adams, J.P.
Rober H. Clurane & Mary Gullege, 23 March 1844. Sol.
25 March 1844, D.G. Baird, J.P.
Henry Cummings & Martha A. Henley, 27 Dec. 1844. Sol.
J.M. Garland, M.G.
Saml Gilbert & Susan L. Young, 8 May 1844. Sol.
10 March 1844, Benja. Rawls, M.G.
Benjamin W. Kelly & Susan Dorris, 8 March 1843. Sol.
10 March 1843, Thos. W. Felts, M.G.

Page 85
James H. West & Jane Bobb, 18 March 1844. Sol.
19 March 1844, Thomas W. Felts, Minister

23

Sampson Moore & Narcisse Cox, 18 March 1844. Sol. W.L.
Payne, J.P.
Thomas L. West & Mary A. Vanhook, 4 March 1844. Sol.
Greenberry Kelly, M.G.
Abraham Lyons & Eliza. M. Shark, 8 Feb. 1844. Sol. D.G.
Baird, J.P.
Elijah H. Whitinghill & Sarah E. Hall, 19 Oct. 1843.
Sol. W.L. Payne, J.P.
Wm. J. McKissick & Milly Doss, 29 March 1844. Sol.
31 March 1844, Greenberry Kelly, M.G.
James Humphrey & Mary J. Bailey, 13 March 1844. Sol.
W.L. Payne, J.P.

Page 86
Wm. C. Mills & Mona Louisa Brooks, 24 March 1844. Sol.
D.G. Baird, J.P.
John J. Adair & Maragret G. Holeman, 25 Oct. 1843. Sol.
W.L. Payne, J.P.
Robert E. Mays & Nancy Bell, 23 April 1844. Sol.
24 April 1844, Lewis Adams, M.G.
Jesse D. Nicholson & Anna Walker, 14 Nov. 1843. Sol.
16 Nov. 1843, W.W. Williams, J.P.
William P. Jernigan & Ann Covington, 20 April 1844. Sol.
21 April 1844, Lewis Adams, M.G.
Jesse W. White & Emily Pace, 14 March 1844. Sol. R.
Pennington, J.P.
James Lee & L.D. Madox, 5 Feb. 1844. Sol. 7 Feb. 1844,
W.W. Williams, J.P.

Page 87
Oliver Edwards & Elizabeth Eliza W. Sherrod, 22 Nov.
1843. Sol. W.W. Williams, J.P.
Ebenezer Guest & E.E. Evans, 20 Oct. 1843. Sol. Isaac
Steel, M.G.
Thomas Howell & W.J. Robertson, 1 March 1844. Sol. Isaac
Steel, M.G.
Wm. Lewis & Lucy Fresh, 19 April 1844. Sol. Isaac Steel,
M.G.
John L. Parris & M.J. Starks, 27 April 1844. Sol. Isaac
Steel, M.G.
Theodore Hermans & M.M. Lucas, 27 April 1844. Sol.
30 April 1844, W.L. Payne, J.P.
Wilson Brankley & Elizabeth Walker, 9 April 1844. Sol.
11 April 1844, R. Pennington, J.P.
Ephriam Mozze & Della Cold, 13 July 1844. Sol.
14 July 1844, Robt. Green, J.P.

Page 88
James H. House & Syntha McClenden, 19 May 1842. Sol.
Isaac Steel, M.G.
John Bowie & Susan Redfern, 22 Oct. 1842. Sol. Isaac
Steel, M.G.
Gideon Franklin Leonard & Nancy Dorris, 3 May 1844.
No Return

Little J.W. Ivy & Virginia Thompson, 22 April 1844. Sol.
  G.W. Sneed, M.G.
Chasteen Coursey & Elizabeth J. Crabtree, 14 Feb. 1844.
  Sol. U. Young, J.P.
John Stratton & Martha Smith, 16 Feb. 1844. Sol. U.
  Young, J.P.
Bazel Boren & Agness Huddleston, 31 May 1844. Sol.
  2 June 1844, A. Justice, J.P.
Thomas McKey & Milly Farthing, 23 May 1844. Sol. U.
  Young, J.P.
William Cherry & Charlotte Ettinage, 28 Oct. 1842. Sol.
  Isaac Steel, M.G.

Page 89
Jo A. Stewart & Tabitha Creekmore, 16 Feb. 18__. Sol.
  8 June 1843, Isaac Steel, M.G.
Albert G. Jones & Martha J. Odle, 8 June 1843. Sol.
  Isaac Steel, M.G.
J.L. Maginnis & Elizabeth Bowls, 18 Oct. 1843. Sol.
  Isaac Steel, M.G.
Presley Neil & M.O. Burgg, 29 Aug. 1842. Sol. Isaac
  Steel, M.G.
Bennett Groves & Jane E. Turner, 9 June 1844. Sol.
  W.L. Payne, J.P.
James A. Stinson & Sarah J. Chappel, 3 March 1844. Sol.
  U. Young, J.P.
Wm. G. Cow & M.J. Herndon, 11 April 1841. Sol. Isaac
  Steel, M.G.
Joseph Kirk & Alse Campbell, 14 Sep. 1843. Sol. Isaac
  Steel, M.G.
Jordan W. Hall & A. Eliza. Wittson, 23 June 1844. Sol.
  Isaac Steel, M.G.

Page 90
Wm. Cox & Salina Bannon, 18 June 1844. Sol. Isaac
  Steel, M.G.
David Vance & Harriet Brakefield, 23 May 1844. Sol.
  Hiram Rice, J.P.
Herman H. Dick & Caroline R. Allen, 22 May 1844. Sol.
  Isaac Steel, M.G.
John W. Abner & Kerziah Daughorty, 4 March 1844. Sol.
  C. Woodall, J.P.
W.J. Barnes & Lucinda Draughon, 1 Aug. 1844. Sol. R.W.
  Bell, J.P.
John L. Shannon & Louisa M.M.I. Heath, 31 March 1844.
  Sol. C. Woodall, J.P.
Wm. Hancock & Mary A. Morgan, 28 July 1844. Sol. James
  Woodard, J.P.
Alexander Gorden & Nancy Balance, 12 July 1844. Sol.
  G.W. Felts, M.G.

Page 91
Samuel Sales & Susan Boyd, 10 Aug. 1844. Sol. Thomas
  W. Felts, Minister

James McDonal & Mary Smiley, 18 July 1844. Sol.
19 July 1844, A. Justice, J.P.
Saml. S. Ireland & J.A. Jackson, 14 Dec. 1842. Sol.
15 Dec. 1842, Robert Williams, M.G.
Geo. W. Carter & Lucinda Gillaspy, 1 July 1844. Sol.
Lewis Adams, M.G.
Silas Tucker & Martha A. Choat, 5 June 1844. Sol.
James Sprouse, J.P.
John Bourne & Mary Hitt, 30 Dec. 1843. Sol. 1 Jan. 1844,
Thomas W. Ruffin, J.P.
Thomas Traughber & Nancy Ivy, 16 July 1844. Sol. D.G.
Baird, J.P.

Page 92
Herman Traughber & Rebecca Helms, 3 July 1844. Sol.
4 July 1844, D.G. Baird, J.P.
John Clark & Armildrice Rountree, 22 Aug. 1844. Sol.
Robert Green, J.P.
P.J.L. Flours & Mary Corbin, 7 July 1844. Sol. D.G.
Baird, J.P.
Joseph Laurence & Eliz. Jones, 10 May 1844. Sol. D.G.
Baird, J.P.
Andrew Elleson & Milly Swift, 3 May 1844. Sol.
4 May 1844, James Sprouse, J.P.
Robert C. Tate & M.L. Covington, 28 Aug. 1844. Sol.
29 Aug. 1844, Lewis Adams, M.G.
Robt. Read & Mary J. Green, 3 Feb. 1845. Sol.
9 Feb. 1845, W.L. Baldry, M.G.

Page 93
Patrick Coney & Mary Bryant, 9 June 1844. Sol. James
Woodard, J.P.
John W. Warren & Martha J. Holeman, 11 Feb. 1845. Sol.
16 Feb. 1845, Charles Crafford, J.P.
Granberry Baggett & Mary J. Crawford, 14 Jan. 1845.
Sol. 16 Jan. 1845, Charles Crafford, J.P.
Samuel Hardyman & Katherine Brakefield, 13 Feb. 1845.
Sol. 15 Feb. 1845, Wm. D. Baldwin, M.G.
John M. McHenry & Virginia Bailey, 3 Feb. 1845. Sol.
James Woodard, J.P.
Andrew J. Rhinehart & Sarah A. Edmond, 5 Dec. 1844.
Sol. James L. Adams, J.P.
Isaac Brasier & Pricilla Travathan, 2 Jan. 1845. Sol.
David Hening, J.P.
Jacob McMurry & Hannah Cook, 2 Jan. 1843. Sol.
5 Jan. 1843, Wm. D. Baldwin, M.G.

Page 94
John D. May & Emilea H. Jones, 6 June 1842. Sol.
16 June 1842, Wm. D. Baldwin, M.G.
James Crafford & Nancy Brumbelow, 11 Dec. 1844. Sol.
15 Dec. 1844, Wm. D. Baldwin, M.G.
Wm. H. Bell & Nancy Tate, 6 Feb. 1845. Sol.
9 Feb. 1845, David Jones, J.P.

James L. Procter & Mary A. Ashburn, 6 Jan. 1845. Sol.
   16 Jan. 1845, D.G. Baird, J.P.
Vincent D. Rose & Jane Winn, 16 Jan. 1845. Sol. James
   Woodard, J.P.
John W. Edward & Malvina Stark, 18 Jan. 1845. Sol.
   19 Jan. 1845, Jas. Woodard, J.P.
Galbreath F. Neill & Carline Hart, 1 Feb. 1845. Sol.
   3 Feb. 1845, James Woodard, J.P.
Allen Jones & Susan J. Baggett, 19 Dec. 1842. Sol.
   22 Dec. 1842, Wm. D. Baldwin, M.G.

Page 95
Henry Porter & Martha Clark, 8 March 1845. Sol.
   9 March 1845, Thomas Farmer, J.P.
James B. Simpson & Martha Ann Bough, 19 Sep. 1844. Sol.
   Isaac Steel
Ambrose G. Coghill & Jomima Fuquay, 19 Sep. 1844. Sol.
   Isaac Steel
Richd. L. Clayton & Elizabeth Willis, 24 Sep. 1844. Sol.
   26 Sep. 1844, D.G. Baird, J.P.
Wm. D. Payne & Eliza Turner, 24 Sep. 1844. Sol.
   28 July 1844, J.W. Judkins, J.P.
Alfred Robb & M.E. Conrad, 9 Oct. 1844. Sol. M. Harshall
Robert Ring & Mary Chilton, 18 Sep. 1844. Sol. Jas.
   L. Adams, J.P.
James L. Crawford & Lutendy Kelly, 19 Sep. 1844. Sol.
   D.G. Baird, J.P.
Jacob Good & Emeline E. Ruffin, 29 Aug. 1844. Sol. R.W.
   Bell, J.P.

Page 97
Wm. L. Parker & Mary A. Watson, 9 Oct. 1844. Sol.
   10 Oct. 1844, Benjamin Rawls
Benjamin Harper & Deletha Glover, 28 Oct. 1844. Sol.
   29 Oct. 1844, Patrick Martin
Joel M. Jones & Mary Elizabeth Lowe, 5 Dec. 1844. Sol.
   D.G. Baird, J.P.
Dempsey Hunter & Mary Ann Jones, 16 Nov. 1844. Sol.
   19 Nov. 1844, Rev. Wm. Randle
Mathew Hunt & Sampiar L.F. Hudgins, 28 Sep. 1844. Sol.
   29 Sep. 1844, Rev. Wm. Randle
Wm. R. Alsbrook & Lucinda Webb, 27 Nov. 1844. Sol.
   28 Nov. 1844, P. Martin, M.G.
Geo. T. Holeman & Mary May, 7 Nov. 1844. Sol. James
   Sprouse, J.P.
Thomas H. Boyles & Delila England, 1 Oct. 1844. Sol.
   6 Oct. 1844, Thomas Farmer, J.P.

Page 98
Mary Ann Hutchins & Daniel G. Dishman, 6 July 1843. Sol.
   W.C. Richmond, Acting J.P.
John G. White & Mary Winters, 28 Nov. 1844. Sol. Jesse
   L. Ellis, J.P.

27

John W. Stratton & Polly Farthing, 1 ____ 1844. No
  Return
Lewellyn Phipps & Eliz. Robbins, 2 Jan. 1844. Sol.
  William D. Baldwin, M.G.
Jesse Robertson & Eliz. Dorris, 1 Oct. 1844. Sol.
  3 Oct. 1844, William D. Baldwin, M.G.
Henry Warren & Elizabeth Choat, 15 July 1844. Sol.
  16 July 1844, Charles Crafford, J.P.
James Gullage & Arrilla L. Clinard, 16 March 1844. Sol.
  20 March 1844, W.L. Baldry, M.G.

Page 99
John F. Hudgens & Rosey M. King, 17 Dec. 1844. Sol.
  19 ____ 1844, Rev. Wm. Randle
Wm. Ayres & Martha Ann Trice, 2 Dec. 1844. Sol.
  3 Dec. 1844, Charles Crafford, J.P.
Wm. T. Chowning & Sarah A. Frey, 24 Dec. 1844. Sol.
  26 Dec. 1844, David Jones, J.P.
John Babb & Lucy A. Goulding, 4 Sep. 1844. Sol.
  5 Sep. 1844, D.G. Baird, J.P.
Pleasant C. Hooper & Rebecca J. Winn, 21 Dec. 1844.
  Sol. 22 ____ 1844, R.W. Bell, J.P.
Harmon Capbell & Rebecca Clenton, 8 Sep. 1844. Sol.
  D.G. Baird
George P. Dawson & Mary J. Overstreet, 16 Dec. 1843.
  Sol. W.C. Richmond, Acting J.P.

Page 100
Richd. Jones & Emily Pepper, 2 Dec. 1844. Sol.
  M. Powell, J.P.
Frances Armstrong & Maranda Stolts, 16 Sep. 1844. Sol.
  19 Sep. ____, James Sprouse, J.P.
J.B. Gumbaugh & Nancy Bailey, 28 March 1844. Sol. U.
  Young, J.P.
Joseph L. Chastain & Eliz. A. Hill, 10 Sep. 1844. Sol.
  U. Young, J.P.
John A. Finn & M.B. Duval, 25 Jan. 1845. Sol.
  27 Dec. 1845, Y. Schenlet
Benj. West & Sarah J. Bell, 28 Oct. 1844. Sol. Lewis
  Adams, M.G.
Warren Drecony & Mary A. Ford, 16 Sep. 1844. Sol.
  19 Sep. 1844, James Sprouse, J.P.
John Merrit & Susan Shelly, 5 Oct. 1844. Sol.
  6 Oct. 1844, David Jones, J.P.

Page 101
Azariah Ingram & Jermimah McMurry, 28 Sep. 1844. Sol.
  1 Oct. 1844, Thos. Gunn, M.G.
Benjamin O. Crenshaw & Mary E. Gunn, 21 ____ 1844.
  Sol. Joel Whitton
Wm. F. Sutton & Rebecca Fitzhough, 1 Aug. 1844. Sol.
  U. Young, J.P.
Wm. Moore & Hannah Sharp, 22 Jan. 1844. Sol. U.
  Young, J.P.

Elli Graham & Priscilla J. Fortune, 23 Oct. 1844. Sol.
   25 Oct. 1844, U. Young, J.P.
Alexander L. Williamson & E.F. McDaniel, 17 July 1844.
   Sol. U. Young, J.P.
John C. Richard & Emily K. McMillen, 24 Oct. 1844. Sol.
   Greenberry Kelly, M.G.
Wm. B. Harrison & Amanda Niell, 7 Nov. 1844. Sol. D.G.
   Baird

Page 102
James Dorris & Anny Ivey, 17 Sep. 1842. Sol.
   28 Sep. 1842, W.C. Richmond, J.P.
James L. Jones & Mary Brooks, 5 Aug. 1844. Sol.
   8 Aug. 1844, R. Chowning, J.P.
Thos. Ivey & Jane Shannonn, 27 July 1844. Sol. Richd.
   Chowning, J.P.
Martin Abbott & Mary Reynolds, 3 Oct. 1844. Sol.
   Thomas Farmer, J.P.
John Bowers & Sarah J. Gossett, 27 May 1845. Sol.
   28 May 1845, L. Brewer, M.G.
Simon Farthing & Elizabeth Crane, 16 Feb. 1845. Sol.
   U. Young, J.P.
Wm. B. Hunt & Nancy A. Hunt, 1 March 1845. Sol. U.
   Young, J.P.
John Moore & Nancy Moore, 12 Jan. 1845. Sol. U. Young,
   J.P.

Page 103
Armstrong B. Wells & Ann Bagby, 12 Jan. 1845. Sol. U.
   Young, J.P.
Richard C. Mays & Martha A. Mays, 3 May 1845. Sol.
   4 May 1845, Thomas Stanley, J.P.
William Crutcher & Martha Cagle, 15 April 1845. Sol.
   17 April 1845, Charles Crafford, J.P.
Epraim M. Pence & Nancy Harper, 30 April 1845. Sol.
   Jas. Woodard, J.P.
Joseph F. Knight & Locky L. Merryman, 15 March 1845.
   Sol. 16 March 1845, William D. Baldwin, M.G.
Jesse Strickling & Susan McMurry, 11 March 1845. Sol.
   13 March 1845, William D. Baldwin, M.G.
George W.L. Justen & Rebecca White, 6 March 1845. Sol.
   Jesse L. Ellis, J.P.

Page 104
A.L. Lipscomb & M.A. Langford, 25 March 1845. Sol.
   27 March 1845, Jesse L. Ellis, J.P.
Benjamin F. Townsond & Mary G. Lockard, 7 Nov. 1844.
   Sol. J.M. Stemmens
Solomon B. Mize & Elviney Adcock, 10 Aug. 1844. Sol.
   Jas. Woodard, J.P.
J.B. Roberts & Maranda Henry, 17 Dec. 1844. Sol.
   18 Dec. 1845, Jas. Woodard, J.P.
Geo. T. Herandon & Martha F. Walton, 17 March 1845.
   Sol. Jas. Woodard, J.P.

James Rice & Martha A. Williams, 2 Feb. 1845. Sol.
James Woodard
James W. Herandon & Permelia Zech, 3 Feb. 1845. Sol.
Jas. Woodard, J.P.
James M. Shelton & Martha Benson, 15 Feb. 1845. Sol.
Jas. Woodard, J.P.
David Cook & Sarah Patten, 21 March 1845. Sol. David
Jones, J.P.

Page 105
John Woodard & Carline Woodard, 31 May 1845. Sol. R.
Green, J.P.
Jack A. Justice & Susannah M. Fiser, 19 May 1845. Sol.
Jesse L. Ellis, J.P.
Howell Fraiser & Sally Wall, 19 Dec. 1843. Sol.
21 Dec. 1843, William Tate, M.G.
Spiva Sivols & Margaret Trimble, 22 Dec. 1844. Sol.
Tho. W. Felts, Minister
John Shepherd & Julian Grason, 6 Dec. 1844. Sol. Tho.
W. Felts, Minister
Eli T. Cook & Louisa Fletcher, 3 May 1845. Sol.
4 May 1845, R.W. Bell, J.P.

Page 106
Wm. Woodard & Martha Green, 25 Jan. 1844. Sol.
26 Jan. 1844, Wm. Felts, M.G.
Granberry B. Jones & Martha A. Suter, 5 Feb. 1844. Sol.
8 Feb. 1844, Thos. N. Lankford, M.G.
Donald McClean & Emeline Leptrick, 31 July 1845. Sol.
H. Frey, J.P.
Jesse Brakefield & Elizabeth Brakfield, 7 June 1845.
Sol. 8 June 1845, R.B. Rose, J.P.
Wm. White, Sr. & Mildred James, 28 May 1845. Sol.
30 May 1845, H. Frey, J.P.
Thos. J. Choat & A.J. Williams, 20 July 1845. Sol.
David Jones, J.P.
James N. McMillin & Louisa Ellia, 11 July 1845. Sol.
R. Green

Page 107
David W. Jernigan & Mary A. Gilbert, 3 Feb. 1839. Sol.
Ed Edwards, 6 Feb. 1839
Geo. W. Bigee & Lucinda Inman, 30 July 1840. Sol.
2 Aug. 1840, Ed Edwards
James Jernigan & Debby S. Stricklen, 25 Nov. 1835. Sol.
27 Nov. 1835, Ed Edwards
Pleasant H. Anderson & Catherine Cheek, 13 ____ 1829.
Sol. 14 Oct. 1829, Ed Edwards
William Smith & Jane Look, 13 Sep. 1839. Sol.
16 Sep. 1839, Ed Edwards
Mosely Holland & Anna Park, 21 Oct. 1829. Sol.
24 Oct. 1829, Ed Edward
Richd. B. Smith & H.S.L. Hadett, 21 Dec. 1838. Sol.
24 Dec. 1838, Ed Edwards

ROBERTSON COUNTY MARRIAGES

James Glidewell & Huldah Armstrong, 8 Aug. 1830. Sol.
10 Aug. 1830, Ed Edwards
A.M. Blain & Martha Dinning, 23 July 1840. Sol. Ed
Edwards

Page 108
Saml. Leak & Sarah Houston, 4 Oct. 1841. Sol.
16 Nov. 1841, Ed Edwards
David Lambert & Frances Norman, 14 Aug. 1830. Sol. Ed
Edwards
James Groves & M.A. Bryam, 25 Aug. 1840. Sol. Ed.
Edwards
Joseph Williams & H. Strain, 18 July 1839. Sol. Elisha
Car
John P. Martin & M.A. Neil, 26 Sep. 1842. Sol. Ed
Edwards
Jesse Long & Minerva Wright, 12 July 1845. Sol. Thomas
West, Minister
Crafford Strickling & Elily Long, 27 Aug. 1845. Sol.
David Jones, J.P.
Willie B. Allsbrook & Francis W. Connell, 2 Sep. 1845.
Sol. 3 Sep. ____, Thomas Martin

Page 109
James W. Inom & Maleda Sawyers, 4 Aug. 1845. Sol.
7 Aug. 1845, Thomas Stanley, J.P.
Josephus Armstrong & Sarah Williams, 15 Sep. 1845. Sol.
18 Aug. 1845, Jas. Woodard, J.P.
W.C. Gosset & Emely Stout, 19 March 1845. Sol. James
Woodard, J.P.
P.M.Fisher & Elizabeth Bourne, 5 June 1845. Sol. James
Woodard, J.P.
Benj. F. Hunt & Lucy W. Farmer, 22 Aug. 1845. Sol.
James Woodard, J.P.
John M. Dean & Minerva Barbee, 31 Aug. 1845. Sol.
Wm. T. Baldry, M.G.
Edward Brewer & Nancy Choat, 3 Sep. 1845. Sol.
4 Oct. 1845, James Sprouse, J.P.

Page 110
James Smith & Nancy D. Simmons, 21 Feb. 1845. Sol.
26 Feb. 1845, W.W. Williams, M.G.
Hendersom Lipscomb & Elizabeth James, 10 Sep. 1845. Sol.
Jesse L. Ellis, J.P.
Josiah Rutherford & Carline Hannam, 3 Sep. 1845. Sol.
Thos. Cook, J.P.
Norfleet Pool & Elizabeth Clark, 8 Nov. 1845. Sol. W.L.
Baldry, M.G.
E.M. Reynolds & J.A. Couts, 30 Sep. 1845. Sol. Benjamin
Rawls
Saml Sneed & Ally Henry, 10 June 1845. Sol. J.M. Gunn,
J.P.
Wm. M. Shirves & Martha J. Easley, 14 Aug. 1845. Sol.
J.M. Gunn, J.P.

Page 111
W.J. Procter & Melissa Morgan, 20 Sep. 1845. Sol.
   21 Sep. 1845, D.G. Baird, J.P.
John W. James & Malinda J. Reed, 20 Sep. 1845. Sol.
   25 Sep. 1845, Jesse L. Ellis, J.P.
P.P. Babb & G. Ann Hight, 10 June 1845. Sol. D.G.
   Baird, J.P.
Green W. Cohee & Martha F. Fort, 29 Oct. 1845. Sol.
   Thomas Martin
Allen Warren & M.J. England, 2 Sep. 1845. Sol.
   3 Sep. 1845, Thos. Stanley, J.P.
Jas Fyke & A. Chilton, 20 Oct. 1845. Sol. Jas. L.
   Adams, J.P.
Wm. Price & Marinda Ayres, 24 Oct. 1845. Sol.
   26 Oct. 1845, H. Frey, J.P.
Franklin Moore & Lydia Barbee, 17 Nov. 1845. Sol.
   27 Nov. 1845, W.L. Baldry, M.G.

Page 112
Geo. W. Caudle & Middy Ally, 8 March 1845. Sol.
   9 March 1845, J.W. Hunt
Ed. Brewer & Nancy Choat, 3 Sep. 1845. Sol.
   4 Sep. 1845, Jas. Sprouse, J.P.
Henderson Lipscomb & E. James, 10 Sep. 1845. Sol.
   11 Sep. 1845, Jesse L. Ellis, J.P.
Benj. F. Walker & Anny Durham, 15 March 1845. Sol.
   18 March 1845, W.W. Williams, J.P.
Frank L. Young & Missoure Bigbee, 6 Nov. 1845. Sol.
   J.W. Judkins, J.P.
Jephtahah Pilant & Amanda Ventressk 18 Nov. 1845. Sol.
   20 Nov. 1845, W.L. Baldry, M.G.
W.W. Wall & Henrietta Maxey, 29 Dec. 1845. Sol.
   W.W. Williams, J.P.
Levi A. Chilton & Frances C.E. Sartin, 25 Nov. 1845.
   Sol. R.W. Bell, J.P.
John W. Adams & E. Adams, 30 Dec. 1845. Sol. R.W. Bell,
   J.P.

Page 113
R. Chowning & Milly Brewer, 24 Feb. 1845. Sol. though
   not certified.
Henry Wells & Nancy Woocome, 23 Oct. 1845. No Return
Archer Whiting & M.A. McCasland, 11 Aug. 1845. No
   Return
Wm. H. Pope & M.H. Benson, 23 Dec. 1845. Sol.
   23 _____ 1845, Jas. Woodard
John Temerline & Penelope Williams, 4 Sep. 1845. Sol.
   W.L. Baldry, M.G.
Ainsey C. Herring & H.B. Shaw, 11 Oct. 1845. Sol.
   Thomas Farmer, J.P.
John Sanders & Phebe Sanders, 23 July 1845. Sol.
   30 July 1845, W.W. Williams, J.P.

Page 114
John Houtchan & Susan Ellison, 27 Nov. 1845. Sol.
3 Dec. 1845, R.G. Cole, J.P.
Geo. Walker & Lucinda Head, 10 Sep. 1845. Sol.
11 Sep. 1845, Jesse L. Ellis, J.P.
Francis Pride & Mary E. Farmer, 12 July 1845. Sol.
J.M. Gunn, J.P.
Kenchen Bassford & Minerva Lancaster, 30 ____ 1845.
Sol. 2 Oct. 1845, R. Pennington, J.P.
James Smith & Nancy D. Simmons, 21 Feb. 1845. Sol.
26 Feb. 1845, W.W. Williams, J.P.
Levi Davis & Patsy Caudle, 26 Sep. 1845. Sol.
26 Sep. 1846, A. Justice, J.P.
William Woodring & Piety Ann Ragsdale, 20 Aug. 1845.
Sol. 21 Aug. 1845,

Page 115
Stephen H. Daniel & Elizabeth Daniel, 10 Nov. 1845.
Sol. 13 Nov. 1845, U. Young, J.P.
Walter M. Thomas & Martha E. Gill, 3 Dec. 1845. Sol.
4 Dec. 1845, U. Young, J.P.
Eli Vaughan & Mary M. Winters, 9 Oct. 1845. Sol.
Jesse L. Ellis
William C. Harper & Susan Jane Mathis, 2 March 1846.
Sol. 6 March 1846, H. Frey, J.P.
James R. Woodall & Elizabeth Williams, 5 Feb. 1846.
Sol. Thomas West, Preacher
Silas M. Thomas & Frances Fletcher, 14 Dec. 1844. Sol.
U. Young, J.P.
Robert Armstrong & Dorothy H. Inman, 9 Sep. 1844. No
Return

Page 116
James Harris & Polly Ann Liles, 27 July 1845. Sol.
U. Young, J.P.
Reuben Farthing & S.E. Ragsdale, 6 March 1845. Sol.
10 March 1845, U. Young, J.P.
Ephram Moize & Huley Mikey, 8 July 1845. Sol. E.W. Green
Jesse Bandy & Martha Daub, 1 April 1846. Sol. Jas. L.
Adams, J.P.
Jacob Miles & Martha A. Smith, 8 May 1846. Sol.
10 May 1846, U. Young, J.P.
Richard B. Felts & Margaret Murrah, 5 March 1846. Sol.
8 March 1846,
George Farmer & Susan Langford, 8 April 1846. Sol.
9 April 1846, Jesse L. Ellis, J.P.
Thomas Wells & Sally A. Moore, 27 Jan. 1846. Sol.
29 Jan. 1846, B.B. Rose, J.P.

Page 117
Calvin Hart & Jane A. Watson, 13 Aug. 1845. Sol.
14 Aug. 1845, R.R. Rose, J.P.
Leonard Frazier & Susan Maxey, 31 Jan. 1846. Sol.
3 Feb. 1846, W.W. Williams, J.P.

Alfred P. Jones & Sarah D. Follis, 31 Dec. 1845. Sol.
D. Bolswin, M.G.
George Crutcher & Mary Brumbelow, 26 Jan. 1846. Sol.
Benjamin F. Bagget & Susan Porter, 15 Dec. 1845. Sol.
Tho. Cook, J.P.
Alfred Chapman & Martha Edward, 24 Jan. 1846. Sol.
Isade Green & Carline Strater, 27 Dec. 1845. Sol.
29 Dec. 1845, James Sprouse, J.P.
George Q. Kingly & Elisabeth Elnon, 18 Oct. 1845. Sol.
James Sprouse, J.P.

Page 118
Samuel Warren & Mary G. Holemen, 15 Dec. 1845. Sol.
James Sprouse, J.P.
Wesley Mastin & Mary L. Ledbetter, 31 Jan. 1846. Sol.
1 Feb. 1846, Robert Draughon, J.P.
W.M. Gardner & Pamelea Adline Powell, 23 March 1846.
Sol. 26 March 1846, Richd. W. Bell, J.P.
William A. Loulbs & Saley L. Phipps, 18 March 1846.
Sol. 24 March 1846, Thomas Standley, J.P.
Lewis Parks Jernigan & Katherin Jane Senner, 28 Feb.
1846. Sol. 1 March 1846, James Sprouse, J.P.
John C. Starughn & Selcheat Holland, 31 Jan. 1846.
Sol. 5 Feb. 1846, W.S. Baldry, J.P.
Ephraim Berry & Minerva Martin, 9 Jan. 18__. Sol.
11 Jan. 1846, R.G. Cole, J.P.
George W. Daugherty & _____, 10 March 1846.
Sol. 11 March 1846, Jas. L. Adams, J.P.
Henry D. Featherson & Mary Draughon, 7 April 1846. Sol.
Thomas Farmer, J.P.

Page 119
Emanuel Traughber & Elisabeth Crawford, 13 Jan. 1846.
Sol. Jas. Woodall, J.P.
William T. Nelson & Arness H. Traughber, 18 Feb. 1846.
Sol. 19 Feb. 1846, W.L. Baldry, M.G.
A.L. Hutchison & Sarah Griffeth, 4 June 1846. Sol.
Thos. Gunn, J.P.
Asa Banfield & Amand Linch, 22 Sep. 1842. Sol. William
L. Perry, J.P.
Alexander Traughber & Rebecca Summons, 19 Jan. 1846.
Sol. 22 Jan. 1846, W.C. Hickmon
Samuel A. Doss & Mary J. Farmer, 22 Jan. 1846. Sol.
23 June 1846, T.W. Felts
James Doss & Martha Bell, 18 Aug. 1845. Sol.
20 Aug. 1845
John P. Fyke & Elizabeth Solomon, 21 Jan. 1846. Sol.
Robt. Draughon, J.P.

Page 120
Elija McIntosh & Adline Buren, 30 Dec. 1845. Sol.
_____, J.P.
William H. Blackburn & Elizabeth Menees, 14 May 1846.
Sol. Thomas Martain

William H. Pace & Mary A.E. Husky, 23 Sep. 1844. Sol.
26 Sep. 1844, Williams S. Perry, J.P.
James Baker & Choischana Watson, 11 Feb. 1840. Sol.
W.S. Perry, J.P.
Richard James & Judith Higgs, 15 May ____. Sol.
31 May 1838, William J. Perry, J.P.
Elisha P. Fort & Martha Ann Gardener, 20 Dec. 1835.
Sol. William L. Perry, J.P.
Kinchen Basford & Nancy Maddox, 5 Nov. 1838. Sol.
William L. Perry, J.P.
Samuel H. Northington & Elizabeth Grant, 4 Jan. 1839.
Sol. William L. Perry, J.P.
James A. Alley & Elizabeth A. Hooper, 23 Aug. 1841.
Sol. William L. Perry, J.P.
John Duke & Elizabeth Bobo, 23 Jan. 1838. Sol. William
L. Perry, J.P.
William J. Walon & Martha J. Adams, 23 Dec. 1841. Sol.
William L. Perry, J.P.
John R. Elliott & Frances A. Bobo, 15 July 1838. Sol.
18 July 1846, William L. Perry, J.P.
William Reiley & Harriet Wynn, 25 Oct. 1841. Sol.
28 Oct. 1841, William L. Perry, J.P.
William A. Hall & Elizabeth Robertson, 13 March 1839.
Sol. William L. Perry, J.P.
John Byrns & Elizabeth Long, 10 Dec. 1844. Sol.
11 Dec. 1844, William L. Perry, J.P.
Joseph T. Massey & Permelia Bigbey, 30 Jan. 1838. Sol.
O.B. Monroe, M.G.
Thomas H. Gardner & Frances Whitehead, 15 _____. 1841.
Sol. 16 _____. 1841, William L. Perry, J.P.
William Picking & Nancy Connell, 15 Nov. 1840. Sol.
William L. Perry, J.P.
William Stroud & Nancy Rosson, 29 Oct. 1841. Sol.
William L. Perry, J.P.
Isiaeh Eisson & Harriett Adams, 4 Oct. 1843. Sol.
William L. Perry, J.P.
Jesse B. Hall & Louisa Wyne, 30 July 1842. Sol.
William L. Perry, J.P.
Jno. W. Crafford & Celia Tinson, 3 Feb. 1846. Sol.
Wm. D. Baldwin, M.G.
Saml H. Bracy & Mary E. Marlon, 21 Aug. 1846. Sol.
H. Ryan, J.P.
Jabus L. Roberts & Eliz. Roberts, 16 June 1846. Sol.
18 June 1846, R. Green, J.P.
D. Smiley & E. Robertson, 23 April 1846. Sol. Wm. D.
Baldwin, M.G.

Page 121
Lewellyn Phipps & H. Dorris, 6 March 1846. Sol.
8 March 1846, Wm. D. Baldwin, M.G.
Benj. P. Bracy & N.A. Alsbrook, 18 July 1846. Sol.
19 July 1846, A. Justice, J.P.
Benj. F. Nelms & Nancy A. Bailey, 23 Dec. 1845. Sol.
30 Dec. 1845, D.G. Baird, J.P.

ROBERTSON COUNTY MARRIAGES

Andrew Rhinehart & L.J. Connelly, 21 Jan. 1841. Sol.
W.L. Perry, J.P.
John Hudgins & Delila Farmer, 31 Aug. 1846. Sol.
2 Sep. 1841, W.L. Perry, J.P.
Daniel H. Holland & Sarah H. Willis, 3 March 1846. Sol.
9 April 1846, D.G. Baird, J.P.
John W. Walker & Martha W. Cheatham, 1 Sep. 1846. Sol.
Benja Rawls
E.J. Harrell & A. Allsbrook, 4 July 1846. Sol. Wm. L.
Baldry, M.G.

Page 122
Elijah Benson & G.L. Al Baldry, 20 Aug. 1846. Sol.
Wm. L. Bardry, M.G.
Hyram Jones & Nancy A. Broadrick, 7 Sep. 1846. Sol.
Robt. Draughon, J.P.
John Fredrick & S.A. Frederick, 14 June 1846. Sol.
Robt. Draughon, J.P.
Richd Jones & R.E. Huddleston, 17 Aug. 1846. Sol.
20 Aug. 1846, Robt. Green, J.P.
Thomas Crutcher & Carline McMurry, 9 Dec. 1846. Sol.
Wm. D. Baldwin, J.P.
Joshua Hall & Surdna A. Dowlen, 14 Nov. 1846. Sol.
Wm. D. Baldwin, M.G.
Mills H. Lanaster & Lucy A.L. Craffors, 10 Dec. 1846.
Sol. Wm. D. Baldwin, M.G.

Page 123
Randolph R. Petts & Jane Murry, 21 Oct. 1846. Sol.
Wm. D. Baldwin
John Kelton & M.M. Simmon, 5 Jan. 1847. Sol. R.G.
Cole, J.P.
Jessa S. Miller & Elizabeth B. Porter, 15 Dec. 1845.
Sol. R.W. Bell, J.P.
D.M. Hooper & Temperance Eddings, 9 Oct. 1846. Sol.
R.W. Bell, J.P.
Sollomon Fiser & Zelicha Hutcherson, 31 Dec. 1846.
Sol. R.B. Rose, J.P.
John W. Dean & Sarah M. Cook, 19 Nov. 1846. Sol.
19 Nov. 1846, R.B. Rose, J.P.
R.H. Williams & E.R. Bailey, 30 March 1846. Sol.
R.B. Rose, J.P.
John Bill & Elisa L. Cook, Sol. 22 Sep. 1846, Hugh
C. Read, M.G.

Page 124
Henry A. Readman & Nancy Armstrong, 8 Nov. 1846. Sol.
L. Hoste
William A. Cobbs & Nancy J. Dunn, 26 June 1846. Sol.
Thomas Martin, J.P.
Henry L. Covington & Mary M.B. Tate, 30 Dec. 1846. Sol.
Rev. Russell Eskew
Robt Baxter & Sarah J. Connell, 8 July 1846. Sol.
Rbt. Williams, M.G.

ROBERTSON COUNTY MARRIAGES

John Bobbell & Lucy Jones, 3 Oct. 1846. Sol. Joseph
  Pitt
William D. Graves & Eliza R. Eidson, 24 Sep. 1846. Sol.
  James Sprouse, J.P.
Phillip Harrington & Elizabeth Howell, Sol. L May 1846,
  L.W. Hunt, J.P.

Page 125
Augustus Marklin & Parthena Webb, 22 Jan. 1846. Sol.
  J.W. Hunt, J.P.
J.S. Whitehead & Sarah M. Dunn, 25 June 1846. Sol.
  J.M.Garland
Russel Warren & M.J. Bryan, 24 Sep. 1846. Sol.
  24 Sep. ____., James Sprouse, J.P.
John A. Winters & Mary E. Burns, 6 Nov. 1846. Sol.
  Jesse L. Ellis, J.P.
Edward Choat & Martha Ann Shannon, 16 Aug. 1846. Sol.
  R.G. Cole, J.P.
Philip R. McCormack & Rebeca M. Daniel, Sol. 16 Aug. 1846,
  R.G. Cole, J.P.
John Campbell & Susan Ann Luadth, 22 Sep. 1846. Sol.
  D.G. Baird, J.P.
Reason Pool & Mary Ann Lands, Sol. 30 Sep. 1846, Jas.
  Woodard, J.P.

Page 126
Andrew Casey & Polly Cagle, 2 Aug. 1846. Sol. Charles
  Crafford, J.P.
Newton M. Langen & Harriette E. Henderson, 18 Dec. 1846.
  Sol. Robert Gunn, J.P.
John Chowning & Caroline Cannon, 5 Oct. 1846. Sol. J.W.
  Judkins, J.P.
Thomas Pike & Drusilla Choat, 23 July 1846. Sol.
  12 Nov. 1846, Wm. D. Baldwin, M.G.
Joshua Hall & Lurana A. Dowlen, 10 Nov. 1846. Sol.
  12 Nov. ____, Wm. D. Baldwin, M.G.
Edward Choat & Martha Ann Shannon, 15 Aug. 1846. Sol.
  16 Aug. 1846, R.G. Cole, J.P.
Philip R. McCormack & R. McCanniel, Sol. 5 Sep. 1846,
  Joseph D. Darrowe

Page 127
John Campbell & Susan An Suddoth, 22 Sep. 1845. Sol.
  D.G. Baird, J.P.
John L. Whitehead & Sarah M. Dunn, 24 June 1846. Sol.
  25 June 1846, J.M. Garland, M.G.
William D. Graves & Eliza R. Eidson, 24 Sep. 1846. Sol.
  James Sprouse, J.P.
Philip Harrington & Elisabeth Howell, 1 May 1846. Sol.
  J.W. Hunt, J.P.
Augustus Marklin & Pathena Webb, 22 _____ 1846. Sol.
  J.W. Hunt, J.P.
John Krisle & Nancy Shelton, 15 April 1847. Sol. David
  Herring, J.P.

Jackson Morrus & Amanda Newton, 24 April 1847. Sol.
28 April 1847, David Herrington, J.P.

Page 128
Milton Wells & Mary Stark (Myram), 26 Sep. 1846. Sol.
David Herrington, J.P.
William Tatum & Harriet Freeman, 25 Nov. 1845. Sol.
David Herrington, J.P.
William Renfro & Mary Easley, 18 Nov. 1846. Sol.
David Herrington, J.P.
Henry L. Covington & Margaret N. Tate, 30 Dec. 1846.
Sol. Rev. Rassel Eskew
Meredith L. Edwards & Eliza Newton, 12 Nov. 1846. Sol.
David Herring, J.P.
Joel R. Doss & Carline Jones, 16 June 1847. Sol. Jas.
W. Woodard, J.P.

Page 129
Wesley Easley & Nancy Blackburn, 28 Feb. 1846. Sol.
David Herring, J.P.
William Hudleston & Mary Kiger, 10 June 1847. Sol.
P. Martain,
Thomas Pike & Drusilla Choat, 21 July 1846. Sol.
23 July 1846, Charles Crafford, J.P.
John A. Winters & Mary E. Burnes, 5 Dec. 1846. Sol.
6 Nov. 1846, Jesse J. Ellis, J.P.
Reasons Poll & Mary Ann Langanas, 29 Sep. 1846. Sol.
30 Sep. 1846, Jas. Woodard, J.P.
Andrew Casey & Polley Cagle, 19 Aug. 1846. Sol.
22 Aug. 1846, Charles Crafford, J.P.
John Chowning & Caroline Cannon, 5 Oct. 1846, Sol.
J.W. Judkins, J.P.

Page 130
Joseph Brain & Ann Brown, 26 May 1846. Sol. Thos. W.
Ruffin, J.P.
Archer B. Couts & Martha J. Couts, 7 June 1847. Sol.
8 June ____, Benjamin Rawls, M.G.
John Gambill & Lacy F. Burr, 21 May 1847. Sol.
23 May 1847, D.G. Baird, J.P.
William C. Huddleston & Elizabeth Jones, 30 May 1847.
Sol. T.B. Matthew, J.P.
William N. Cherry & Malinda Read, 22 Feb. 1847. Sol.
25 Feb. 1847, James M. Cherry, M.G.
William Ramon & Lucinda Chaudion, 22 Oct. 1846. Sol.
Wm. Barton, M.G.
John M. Deen & Minerva Barbee, 3 July 1845. Sol.
31 July 1845, W.L. Baldry, M.G.

Page 131
William Traughber & Mary A. Edward, 20 Feb. 1847. Sol.
James Woodard, J.P.
Burgess Shearing & Elizabeth R. Edwards, 19 Jan. 1847.
No Return

ROBERTSON COUNTY MARRIAGES

George W. Snowdy & Aisley S. Wingo, 8 Jan. 1847. Sol.
  10 Jan. 1847, Charles Crafford, J.P.
David J. Fort & Mary B. Farmer, 1 Feb. 1847. Sol.
  4 Feb. 1847, William L. Perry, M.G.
Patterson T. Williams & Nancy A. Whitehead, 23 Sep. 1846.
  Sol. 25 Sep. 1846, William L. Perry, M.G.
John A. Morris & Elvira Brinton, 1 Dec. 1846. Sol.
  Charles Crafford, J.P.
Roberts Felts & Susan Carter, 3 Oct. 1846. Sol.
  7 Oct. 1846, W.L. Baldry, M.G.
Townley Redfearn & Martha Crawford, 17 Nov. 1846. Sol.
  James Woodard, J.P.

Page 132
James H. Harris & Nancy Ann Dinning, 30 July 1846. Sol.
  2 Aug. 1846, J.D. Darrow
James A. Reley & Mary A. Rose, 19 Sep. 1846. Sol.
  1 Oct. 1846, J.W.
Geo. F. Fisher & Margaret E. Griffin, 19 Dec. 1846. Sol.
  22 Dec. 1846,
Joshua Fyke & Louisa Lipscomb, 25 Jan. 1847. Sol.
  26 Jan. 1847, Robert Green, J.P.
Pether Farthing & Elisabeth Holland, 9 Jan. 1847. Sol.
  10 Jan. 1847, Robert _____, J.P.
Benjamin F. Russell & Sarah A.E. Angel, 22 Sep. 1846.
  Sol. 24 Sep. 1846, D.G. Baird, J.P.
John Clinard & Malinda C. Hollis, 16 April 1847. Sol.
  21 April 1847, A. Justice, J.P.
Benjamin E. Williams & Rebecca Draughon, 13 May 1847.
  Sol. Isaac Steel

Page 133
William A. Sandefur & Minerva Sandefur, 21 Feb. 1846.
  Sol. Isaac Steel
Walter A. Chism & Mary E. Caudill, 23 Nov. 1846. Sol.
  Isaac Steel
William L. Mallory & Sarah Ann Johnes, 30 Dec. 1846.
  Sol. Isaac Steel
Hugh Taylor & Mary Ann Carter, 29 Nov. 1846. Sol.
  Isaac Steel
William Edwards & Nancy D. Price, 12 Aug. 1846.
  Sol. _____
James M. Meguire & Malinda Caudle, 1 July 1846. Sol.
  2 July 1846, Isaac Steel
William F. Brown & Martha Hiser, 2 May 1847. Sol.
  T.W. Ruffin, J.P.
Josh M. Jones & Minerva Conrad, 22 Feb. 1847. Sol.
  G.G. Elle, M.G.
Henry Wells & Myram Starke, 24 April 1847. Sol.
  25 April 1847, David M. Wells, J.P.

Page 134
Joseph Farmer & Olive Fletcher, 12 April 1847. Sol.
  R.W. Bell, J.P.

Joseph Inscor & Clarrinda Yong, 14 March 1847. Sol.
15 March 1847, R. Green, J.P.
James Rossen & Lucretia Vanhook, 3 March 1847. Sol.
4 March 1847, Robt. Williams, M.G.
John Mauzy & Hannah Harrison, 13 May 1847. No record
of Return
Harrison W. Akin & Mary A. Sanders, 20 March 1847.
Sol. 23 March 1847, James Woodard
Allen J. Shannon & Sally A. Williams, 1 May 1847. Sol.
2 May 1847, R.G. Cole, J.P.
Thomas Crabtree & Mary A. Morgan, 27 Jan. 1847. Sol.
28 Jan. 1847, W.B. Richmon, J.P.
Reece Johns & Judith Larkins, 22 March 1847. Sol.
23 March 1847, W.B. Richmond, J.P.

Page 135
Sterling Walker & Rosanna Harris, 2 Jan. 1847. Sol.
7 Jan. 1847, W.W. Williams, J.P.
Carroll Hughey & Carline Walton, 17 April 1847. Sol.
18 April 1847, James Woodard, J.P.
Anderson Erwin & Martha Ann Warren, 2 Jan. 1847. Sol.
2 Jan. 1847 James Sprouse, J.P.
Green B. Goodwin & Aurelis D. Graves, 1 March 1847. Sol.
4 March 1847, R.W. Ja.,
Harrey Chapman & Nancy Chapman, 27 Feb. 1847. Sol.
James Woodard, J.P.
William F. Morrow & Mary E. Denton, 19 Dec. 1846. Sol.
22 Dec. 1846, D.C. Stevens, M.G.
John W. Teasley & Sarah A. Nicholson, 31 Oct. 1846.
Sol. 5 Nov. 1846, W.W. Williams, J.P.
Abraham Ashabrannah & Margarett Pitts, 9 Dec. 1846.
Sol. 17 Dec. 1846, D.G. Baird, J.P.

Page 136
Samuel Gettlebeel & Susan Adams, 2 Nov. 1846. Sol.
19 Nov. ____, R. Moody, M.G.
Joseph Felts & Fransec J. Moor, 2 Nov. 1846. Sol.
5 Nov. 1846, R. Moody, M.G.
Samuel King & Nancy L. Hudgens, 24 Oct. 1846. No
Record of Return
John H. Lacey & Elizabeth Sumpter, 9 Oct. 1846. Sol.
W.R. Turner
Newton Sawyers & Harriette E. Henderson, 18 Dec. 1846.
Sol. Robert Green, J.P.
Leonard Page & Frances Russel, 8 Dec. 1846. Sol.
10 Dec. 1846, D.G. Baird, J.P.
John Flood & Pricilla Chapman, 2 Nov. 1846. Sol.
James Woodard
William Miller & Sarah Holens, 17 Dec. 1846. Sol.
W.L. Baldry, M.G.

Page 137
Iredell White & Almarena Pitt, 16 Aug. 1846. Sol.
18 Aug. 1846, W.C. Ricmond, J.P.

ROBERTSON COUNTY MARRIAGES

Daniel Latimer & Nancy Long, 24 Nov. 1846. Sol.
  David Jones, J.P.
John Chapman & Rachel Morris, 25 Dec. 1846. Sol.
  David M. Wells, J.P.
James M. Kenton & Nancy Jane Morris, 24 Dec. 1846. Sol.
  25 Dec. 1846, James Sprouse, J.P.
James W. Walker & Sarah Bobbett, 22 Sep. 1846. Sol.
  24 Sep. 1846, W.W. Williams, J.P.
Noah Booker & Lewesa Payne, 21 Nov. 1846. Sol.
  22 Nov. 1846, A. Justice, J.P.
Jeremiah Rice & Elizabeth Jordan, 20 May 1838. Sol.
  Joel Moore, J.P.

Page 138
Britton Stark & Viney Smith, 8 Dec. 1845. Sol.
  9 Dec. 1845,
Shelly Langston & Nancy A. Briton, 12 Sep. 1846. Sol.
  13 Sep. 1846, Thos. W. Ruffin, J.P.
Edwin Stainback & Sarah E. Cunningham, 18 Nov. 1846.
  Sol. 19 Nov. 1846, Thos. W. Ruffin, J.P.
Wm. R. Sadler & Rhoda A. Gunn, 24 July 1847. Sol.
  27 July 1847, J.I. Ellis, M.G.
J.F. Ragsdale & Martha A. Warden, 16 March 1847. Sol.
  R.D. Rose
Bennett L. Holland & Eliz. Mason, 24 April 1847. Sol.
  25 April 1847, R.B. Rose
Francis Samapher & Fanny Young, 3 March 1847. Sol.
  5 March 1847, R.B. Rose
John Porter & Pricilla Morris, 14 July 1847. Sol.
  15 July 1847, Thomas Farmer, J.P.

Page 139
Wm. Mason & Margart Chapman, 24 July 1847. Sol.
  25 July 1847, R.B. Rose
William Couts & Martha Moon, 28 Aug. 1847. Sol.
  29 Aug. 1847, Jas. Woodard, J.P.
John Ashworth & Rhoda Benton, 5 Sep. 1847. Sol. Thos.
  B. Mathews, J.P.
James Hatchell & Eliz. R. Adams, 1 July 1847. Sol.
  Joshua W. Featherston, M.G.
James H. Murphy & Amanda E. Crabtree, 15 Sep. 1847.
  Sol. 16 Sep. 1847, R.G. Cole
Edward L. Coleman & M.C. Small, Sol. 29 Oct. 1846,
  N.B. Lewis, M.G.

Page 140
Joel E. Bell & Rebecca Williams, 15 Sep. 1847. Sol.
  James Woodard, Esq.
Thomas W. Lipscomb & A.M.N. Toler, 11 Aug. 1847. Sol.
  James Woodard, Esq.
Peter Noe & Lucinda Borin, 25 Sep. 1847. Sol.
  26 Sep. 1847, David M. Wells, J.P.
Henry Harrison & Martha Holland, 18 Sep. 1847. Sol.
  R.W. Bell, J.P.

Wm. Orand & Susan Starke, 28 July 1847. Sol. Jas.
Woodard
G.W. Baird & M.E. Traughber, 7 Oct. 1847. Sol. Thomas
Farmer, J.P.
Wm. W. Johnston & Martha L. Nichols, 17 Aug. 1847. Sol.
R.W. Bell, J.P.

Page 141
Bartlett Pitts & Ruth Burnes, 12 Aug. 1847. Sol.
15 Aug. 1847, Thomas Farmer, J.P.
David J. Younger & Emily Keller, 18 Oct. 1847. Sol.
Thomas Farmer, J.P.
R.M. Roe & Winny Morris, 4 Aug. 1847. Sol. 6 Aug. 1847,
Charles Crafford, J.P.
William J. Dunn & Mary E. Lawrence, 16 Nov. 1847. Sol.
18 Nov. 1847, R.W. Bell, J.P.
James Maxey & Rachel Dowlen, 6 Dec. 1847. Sol.
9 Dec. 1847, H. Frey, J.P.
James Fiser & B. Bartlett, 29 Dec. 1847. Sol.
30 Dec. 1847, T.B. Mathews, J.P.
George Dunn & Angeline Robertson, 23 Dec. 1847. Sol.
T.B. Mathews, J.P.

Page 142
Stephen Cole & Dosha Turner, 15 Jan. 1848. Sol.
18 Jan. 1848, J.W. Judkins, J.P.
J.N. Howard & M.J. Strain, 23 Nov. 1847. Sol. Wm.
B. Kelly, M.G.
Geo. W. Gill & S.A. Dunn (Susan A.) Sol. 27 June 1846,
Thos. Watts, M.G.
A.D. Barker & L. Simmons, 29 July 1847. Sol. Jas.
Woodard, J.P.
H. Pitt & N.M. Cole, 23 Dec. 1847. Sol. R.G. Cole, J.P.
E. Chapman & C. Redfearn, 27 Nov. 1847. Sol.
28 Nov. 1847, W.B. Kelly, M.G.

Page 143
Willis Pepper & Mandy McHenry, 27 Nov. 1847. Sol.
David M. Wells, J.P.
William A. Shannon & Lucy Simmons, 14 Aug. 1847. Sol.
15 Aug. 1847, Thos. Cook, J.P.
Elias C. Vick & R.T. Dunn, 12 Oct. 1847. Sol.
22 Oct. 1847, Thomas Farmer, J.P.
F.E. Dycas & Mary F. Featherston, 1 Jan. 1848. Sol.
2 Jan. 1848, R.W. Bell, J.P.
Robert Savage & Amanda Tucker, 11 Aug. 1847. Sol.
12 Aug. 1847, James Sprouse, J.P.
J.M. Cole & E. Henry, 2 Dec. 1847. Sol. James Sprouse,
J.P.

Page 144
Stephen Jones & Martha Porter, 21 Oct. 1847. Sol.
James Sprouse, J.P.
Marcus Jernigan & Mary A. Lewis, 6 Dec. 1847. Sol.
James Sprouse, J.P.

ROBERTSON COUNTY MARRIAGES

John Johnson & Mary J. Elmore, 19 Aug. 1847. Sol.
  23 Aug. 1847, James Sprouse, J.P.
Mathew Keller & Ider Bodine, 18 Oct. 1847. Sol.
  David M. Wells, J.P.
Wm. J. Lawrence & Frances Sory, 18 Dec. 1847. Sol.
  R.W. Bell, J.P., 19 Dec. 1847
W.H. Jones & Amanda Baldry, 22 Dec. 1847. Sol.
  24 Dec. 1847, Robert Green

Page 145
James W. Powell & Jane Taylor, 30 Oct. 1847. Sol.
  Robert Green, J.P.
John Ellison & Mary Gaines, 22 Nov. 1847. Sol.
  R.G. Cole, J.P.
Wm. H. Adams & Margaret Crafford, 24 April 1847.
  Sol. 25 April 1847, Wm. D. Baldwin, M.G.
Stephen J. Dorris & Elizabeth Brumbelow, 5 Aug. 1847.
  Sol. Wm. D. Baldwin, M.G.
Jo Piles & L.I. Reader, 30 Oct. 1847. Sol. 31 Oct. 1847,
  Wm. D. Baldwin, M.G.
E. Benton & E. Draughon, 9 Dec. 1847. Sol. P. Martin
John Shoemaker & Rebecca Booker, 8 Dec. 1847. Sol.
  Wm. K. Turner, Judge

Page 146
Miles A. Jackson & Permelia L. Jackson, 28 Dec. 1847.
  Sol. 30 Dec. 1847, R.W. Bell, J.P.
Jacob Myres & Mary A. Wade, 6 Jan. 1848. Sol. James
  Gunn, M.G.
Thomas C. Cobb & Martha M. Darden, 15 Nov. 1847. Sol.
  18 Nov. 1847, J.L. Ellis, J.P.
H.A. Holmes & Nancy Morgan, 22 Dec. 1847. Sol.
  23 Dec. 1847, Jesse L. Ellis, J.P.
William M. Bennett & Mary J. Thompson, 22 Dec. 1847.
  Sol. 23 Dec. 1847, Isaac Steel
Asburry Will & Eliza J. Hall, 5 April 1848. Sol. Isaac
  Steel
Jno L. Crafford & Margaret Bennett, 8 Nov. 1847. Sol.
  Isaac Steel
Fielding M. Wright & Carline Crabtree, 26 Dec. 1845.
  Sol. 27 Dec. 1845, Isaac Steel

Page 147
Elijah Turner & Matilda Moon, 24 March 1847. Sol.
  Isaac Steel
Jacob Connell & Mary Kirby, 10 Sep. 1847. Sol.
  11 Sep. 1847, Isaac Steel
Geo. Crewdson & Eliza I. Thompson, 22 Dec. 1847. Sol.
  23 Dec. 1847, Isaac Steel
John Borthick & Eleanor Pond, 9 Dec. 1847. Sol. Isaac
  Steel
Thomas Curenberry & M.J. Sears, 6 Nov. 1847. Sol.
  23 Dec. 1847, Isaac Steel
John A. Thomas & Nancy Ruffin, 16 June 1848. Sol.
  Robt. Draughon, J.P.

43

James W. Holmes & Frances Miller, 12 Feb. 1848. Sol.
13 Feb. 1848, W.L. Baldry, M.G.
F.G. Traughber & Mary Ivens, 18 Nov. 1847. Sol. Jas.
Woodard
John T. Green & S.A. James, 20 Jan. 1848. Sol. Jesse
L. Ellis, J.P.

Page 148
Edward G. Clark & Mary C. Felts, 18 Dec. 1847. Sol.
23 Dec. 1847, Jas. Woodard
Hanzey Redfearn & Dicey Hutchings, 11 Jan. 1848. Sol.
13 Jan. 1848, W.B. Kelly, M.G.
William Cox & Elizabeth Harris, 20 Jan. 1848. Sol.
23 Jan. 1848, Robert Green, J.P.
James B. Rose & Wilmouth B. Smith, 10 Jan. 1848. Sol.
11 Jan. 1848, Robert Green, J.P.
James C. Goodman & Mary Rosson, 3 Jan. 1848. Sol.
6 Jan. 1848, Robert Williams, M.G.
Thomas L. Campbell & Martha Jones, 21 Feb. 1848. Sol.
22 Feb. 1848, W.B. Kelly, M.G.
William Russell & Ann Traughber, 21 Dec. 1847. Sol.
26 Dec. 1847, D.G. Baird, J.P.
William Randolph & Elizabeth Babb, 22 _____. 1848.
Sol. 26 Jan. 1848, W.B. Kelly, M.G.

Page 149
Alexander Bourn & Harriet Newman, 8 Jan. 1848. Sol.
13 Jan. 1848, Thos. W. Felts
Armstead Justice & E.L. White, 24 Dec. 1848. Sol.
25 Dec. 1847, W.L. Baldry, M.G.
Thomas F. Jones & Martha Boyd, 26 Feb. 1848. Sol.
27 Feb. 1848, Greenberry Kelly, M.G.
P.J. Bailey & Tabitha Cumie Earl, 11 March 1848. Sol.
12 March 1848, E.M. Gunn, M.G.
A.D. Davidson & Tabitha Rosson, 22 Jan. 1848. Sol.
23 Feb. 1848, Robert Williams, M.G.
Ambrose Porter & G.A. Tanner, 27 Oct. 1847. Sol.
James Woodard
Thomas Carter & Louisa T. Hawkins, 8 June 1848. Sol.
11 June 1848, W.L. Baldry, M.G.
Graves Gunn & Jane Sneed, 15 May 1848. Sol. G.M. Gunn,
J.P.

Page 150
Charles Bradley & Rebecca Bobbitt, 30 July 1847. Sol.
10 Aug. 1847, J.W. Hunt, J.P.
James Lancaster & Mary Tucker, 6 March 1848. Sol.
8 March 1848, J.M. Nolen, M.G.
Francis P. Easley & Sarah Doss, 13 March 1848. Sol.
16 March 1848, D.G. Baird, J.P.
Anthony L. Binkley & Mary Benton, 27 Jan. 1848. Sol.
Thos. Martin,
Jack E. Turner & Elily A. Darden, 1 May 1848. Sol.
3 May 1848, Robt. Williams, M.G.

William G. Tucker & Susan Bassford, 13 Jan. 1848. Sol.
14 Jan. 1848, W. Ramey, M.G.
Washington Ogg & M.A. Pittman (Martha), 23 Feb. 1848.
Sol. 24 Feb. 1848, R.W. Bell, J.P.
Michael W. Rose & Mary M. Steel, 5 Jan. 1848. Sol.
6 Jan. 1848, W.B. Kelly, M.G.

Page 151
Geo. W. Bailey & Sarah W. Bell, 26 June 1848. Sol.
29 June 1848, James Gunn, M.G.
Wesley Stovel & Dosha White, 1 Aug. 1846. Sol. O.H.
Morrow, M.G.
J.H. Davis & E.A. Villines, 22 June 1848. Sol.
25 June 1848, Jno. M. Harry, J.P.
Daniel Henry & H. McMurry, 3 April 1848. Sol.
5 April 1848, Jno. M. Harry, J.P.
Wm. W. Felts & S.A. McAllen, 13 June 1848. Sol.
15 June 1848, J.W. Hunt, J.P.
A.L. Moore & S.A. Couts, 7 June 1848. Sol. D.G. Baird,
J.P.
Presely E. Holland & Carline Taylor, 3 July 1848. Sol.
23 July 1848, G.D. Baird, J.P.
Hyram Beach & F.B. Smith, 29 July 1848. Sol.
30 July 1848, Robert Green, J.P.

Page 152
James C. Griffin & M.K. Fisher, 8 July 1848. Sol.
9 July 1848, A.B. Randolph, J.P.
L.M. Johnson & M.A. Moon, 3 Aug. 1848. Sol. W.H.
Mathews, J.P.
B.G. Hooper & M.E. Bishop, 5 Oct. 1847. Sol. Alex
Lowe, Minister
Robert N. Myres & Cornelius Darden, 18 May 1848. Sol.
Alex Lowe, Minister
John C. Mathews & Sarah E.F. Manlow, 1 Dec. 1846. Sol.
Alex Lowe, Minister
James T. Rawls & Mariah J. Binkley, 20 Jan. 1846. Sol.
Alex Lowe, Minister
A.T. Binkley & S.J. Reaves, 6 Jan. 1849. Sol. Alex
Lowe, Minister
B.C. Clinard & N.P. Rawles, 3 Nov. 1847. Sol. Alex
Lowe, Minister
L.D. Bowers & Julia Pepper, 3 June 1846. Sol. Alex
Lowe, Minister
P. Payne & L.J.L. Darden, 24 June 1846. Sol. Alex
Lowe, Minister
Thomas Campbell & Rachel Morris, 3 Aug. 1848. Sol.
James Sprouse, J.P.
Wm. Mehaffy & Carline M. Amos, 4 Aug. 1848. Sol.
6 Aug. 1848, James Sprouse, J.P.
John G. White & Martha M. Winters, 18 July 1848. Sol.
19 July 1848, D.C. Stephens, M.G.
Sidney Campbell & Martha Rigsby, 18 Jan. 1848. Sol.
Thos. West, M.G.

William Kirby & Lina Carroll, 20 May 1848. Sol.
  25 May 1848, Thomas West, Minister
Augustine Bryant & Mahala A. May, 22 March 1848. Sol.
  23 March 1851, J.M. Stemmons

Page 153
Lewis Stratton & E.A. Gibson, 10 June 1848. Sol.
  18 June 1848, J.M. Stemmons
John Wells & M.A. Huey, 17 Feb. 1848. Sol. J.M.
  Stemmons
Thomas Debauport & Carline Turner, 16 Aug. 1848. Sol.
  17 Aug. 1848, Thomas Farmer, J.P.
Waddy Jones & Eliz. Worsham, 5 July 1848. Sol. Thomas
  Farmer, J.P.
James L. Kiger & Ann Violet, 11 Aug. 1848. Sol. Thomas
  Farmer, J.P.
Elisha Whiting & Susan Phipps, 30 June 1848. Sol.
  30 July 1848, John Crafford, J.P.

Page 154
Nathaniel Farmer & S.C.B. Binkley, 17 Oct. 1848. Sol.
  J.W. Hunt, J.P.
W.E. Felts & M.J. Walker, 6 Dec. 1848. Sol.
  7 Dec. 1848, J.W. Hunt, J.P.
W.H. Grayon & Mary J. Shepherd, 21 Dec. 1848. Sol.
  25 Dec. 1848, D.G. Baird, J.P.
John McIntosh & E.M. Gillim, 22 Dec. 1848. Sol.
  26 Dec. 1848, D.G. Baird, J.P.
F. Patton & Mary Woodard, 4 Sep. 1848. Sol. 7 Sep. 1848,
  J.M. Henry, J.P.
H.P. Robertson & A. Lancaster, 11 Nov. 1848. Sol.
  A. Akins, Acting J.P.
Sandy Jones & Elizabeth Cole, 26 Oct. 1848. Sol. James
  Sprouse, J.P.

Page 155
Samuel Volner & S.A. Harper (Synthia) 26 Nov. 1848.
  Sol. W.H. Bugg, J.P.
Wm. Draughn & Mary Murphy, 30 Nov. 1848. Sol. T.B.
  Mathews, J.P.
Samuel McMurry & Mary Escue, 15 Nov. 1848. Sol.
  16 Nov. 1848, Eli Baggett, J.P.
James Carter & M.E. Carter, 6 Nov. 1848. Sol.
  9 Nov. 1848, G.W. Martin, M.G.
E.T. Stoltz & M.L. Batts, 22 Oct. 1848. Sol. J.L.
  Ellis, M.G.
Burket Mahan & Emily Foster, 24 May 1848. Sol. Thomas
  Farmer, J.P.
William Engler & S.A. Hunsacker, 27 Aug. 1848. Sol.
  James Woodard
J.J. Bradley & E. Holmes, 5 Sep. 1846. Sol.
  7 Sep. 1848, J.W. Hunt, J.P.

Page 156

J.G.F. Spears & Rebecca Ring, 28 Aug. 1848. Sol.
J. Lawrence, J.P.

Jno. W. Cordel & B.A. Gossett, 28 Aug. 1848. Sol.
W.M.C. Barr, J.P.

Thomas Randolph & Catherine Drake, 21 Aug. 1848. Sol.
24 Aug. 1848, W.H. Rife, J.P.

R. Ogg & Martha Ann Adams, 26 July 1848. Sol.
27 July 1848, Thos. W. Ruffin, J.P.

Samuel Gillum & Martha Beasley, 4 Sep. 1848. Sol.
John Crawfford, J.P.

Henry Burchett & Editha Stratton, 12 May 1848. Sol.
18 May 1848, David M. Wells, J.P.

John W. Vestal & M.J. Mallory, 6 Nov. 1848. Sol.
Milton Ramey, M.G.

Page 157

Saml. Price & M.J. Bostic, 31 Dec. 1848. Sol. Wm. C.
Vannester, M.G.

Meredith Woodard & S. Woodard, 22 Dec. 1848. Sol. R.
Green

John Long & Nancy Harrison, 17 Oct. 1848. Sol. Jeremiah
Batts, J.P.

S.R. Stoltz & M.A. Cobb, 16 Oct. 1848. Sol. 17 Oct. 1848,
Jeremiah Batts, J.P.

Thos. Ruffin & Eleanor Broadrick, 6 Dec. 1848. Sol.
8 Dec. 1848, J. Batts, J.P.

Richd. A. Boren & Leatha Newton, 7 Dec. 1848. Sol.
F.R. Gooche,

W.D. Alfred & G. Menees, 23 Sep. 1848. Sol. 24 Sep. 1848,
Jeremiah Batts, J.P.

John W. Ivey & E.A. Chapman, 27 Dec. 1848. Sol.
28 Dec. 1848, Jas. Woodard, J.P.

Page 158

Charles R. Browning & L.L. Gorrell, 28 Nov. 1848. Sol.
Jas. Woodard

D. Henry & E. Ewing, 5 Dec. 1849, Sol. 7 Dec. 1848,
Jas. Woodard

H.D. Featherston & M.E. Davis, 25 Nov. 1848. Sol.
26 Nov. 1848, Milton Ramey, M.G.

Robert Watson & M.D. Adams, 30 Dec. 1848. Sol.
31 Dec. 1848, James Burnes, J.P.

John L. Yates & P. Gorham, 10 Jan. 1849. Sol. Thomas
Farmer, J.P.

G.W. Moake & Sally Harris, 28 Oct. 1848. Sol.
8 Nov. 1848, J.C. Nowlim

Robert D. Mays & Martha A. Ward, 23 Dec. 1848. Sol.
J.W. Featherston

James A. King & E.A. Bell, 21 Oct. 1848. Sol.
24 Oct. 1848, D.G. Baird, J.P.

Page 159

H. Pool & E.A. Smithwick, 18 Oct. 1848. Sol.
19 Oct. 1848, A.B. Sayers, J.P.

Daniel Clayton & Nancy P. Willis, 7 Sep. 1848. Sol.
D.G. Baird, J.P.
James W. Swann & Martha J. Jernigan, 8 Jan. 1849. Sol.
11 Jan. 1849, Moses F. Earhart, M.G.
E.L. Durrett & M.A. Clark, 6 July 1846. Sol.
7 July 1846, Robt. L. Tate, M.G.
John A. Horton & S.A. Groves, 13 Jan. 1849. Sol.
14 Jan. 1849, Will C. Barr, J.P.
Jacob H. Darden & S.E. Polk (Sarah), 3 Feb. 1849. Sol.
4 Feb. 1849, Jas. Burns, Acting, J.P.
Edmond L. Roberts & Martha Chapman, 23 Dec. 1848.
Sol. 24 Dec. 1848, G.B. Mason, J.P.
J.C. Shannon & Carline Shelly, 4 Nov. 1846. Sol.
5 Nov. 1846, Robt. L. Tate, M.G.

Page 160
J. Hays & Lucy Ray, 30 Jan. 1849. Sol. James Woodard
Thos. C. Brown & S.A. Bennett, 16 Jan. 1849. Sol.
James Woodard
W.H.F. Ligon & S. Pope, 24 Oct. 1848. Sol. 25 Oct. 1848,
Thos. N. Langford, M.G.
Samuel Warner & Charity Winn, 16 Dec. 1848. Sol.
20 Dec. 1848, Jno. M. Nolen, M.G.
Thos. Lipscomb & Polly Edwards, 14 Jan. 1849. Sol.
Thomas Farmer, J.P.
Bluford J. Miller & M.J. Chasteen, 28 Dec. 1848. Sol.
J.H. Smith
William Sterry & Martha A. Hudgins, 19 April 1848.
Sol. 20 April 1848, John M. Vestal, M.G.
H.A. Rock & M.B. Parker, 15 July 1848. Sol. Jas.
Woodard, J.P.

Page 161
James B. Morris & Eliz. Murrah, 2 Jan. 1849. Sol.
4 Jan. 1849, B.W. Bradley, J.P.
C.C. Williams & A.P. Hyde, 3 Jan. 1849. Sol.
4 Jan. 1849, J.W. Hunt, J.P.
Mathew Freeman & C.S. Appleton, 1 Sep. 1848. Sol.
Jas. Woodard
Leonard Page & M.A.L. Page, 4 Dec. 1848. Sol.
5 Dec. 1848, James Lamb, M.G.
J.J. Bradley & E.F. Justice, 5 Feb. 1849. Sol.
6 Feb. 1849, J.W. Hunt, J.P.
Young Babb & Martha Freeman, 22 Aug. 1848. Sol.
28 Aug. 1848, Greenberry Kelly, M.G.
B.W. Edwards & A. Moon, 21 Jan. 1849. Sol. D.G.
Baird, J.P.
W.A. Johnson & M.E. Grainger, 2 Jan. 1849. Sol.
4 Jan. 1849, D.G. Baird, J.P.

Page 162
P.B. Johns & M.A. Taylor, 28 March 1849. Sol. Jas.
Woodard
J. Ennis & Eliz. Clinard, 3 Feb. 1849. Sol.
11 March 1849, W.H. Bugg

Russelle Shoemaker & Nancy Panson, 24 Feb. 1849. Sol.
2 March 1849, W.H. Bugg
Jacob Zech & Clarissa Cook, 13 Jan. 1849. Sol.
16 Jan. 1849, Greenberry Kelly, M.G.
J.A. Bottom & E.F. Sandofer, 5 April 1849. Sol. Jas.
Woodard
M. Phillips & Emily Boleyjack, 21 Jan. 1849. Greenberry
Kelly, M.G.
William Phelps & Prudence Draughon, 9 March 1849. Sol.
11 March 1849, T.B. Mathews, J.P.
W.L. Mathews & V. Purnerson, 12 March 1849. Sol.
Thos. Farmer, J.P.
W.P. Wilson & Ann Dorris, 26 March 1849. Sol. W.H.
Bugg, Esq.

Page 163
James E. Roberts & Nancy Hughlett, 28 Feb. 1849. Sol.
1 March 1849, Thos. West, Minister
William H. Blackburn & Carline W. Menees, 7 June 1849.
Sol. 10 June 1849, Patrick Martin, M.G.
Eli Boren & L.A. Baker, 1 June 1848. Sol. Jas. Woodard
Daniel Henry & H. McMurry, 3 April 1849. Sol.
5 April 1848, J.M. Henry, J.P.
W.W. Felts & S.A. McClain, 13 June 1848. Sol.
15 June 1848, J.W. Hunt, J.P.
William Hunt & Mary A. Nanny, 2 July 1849. Sol.
Thos. Farmer, J.P.
Isaac B. Walten & Louisa Cage, 26 May 1849. Sol.
John M. Vestal, M.G.
Thos. Staley & L.I. Amos, 16 Sep. 1845. Sol. _____
W.A. Clark & E. McGuire, 14 June 1849. Sol. N.M.
Henry, J.P.

Page 164
Sandford West & Nancy Body, 24 April 1849. Sol.
26 April 1849, B. Randolph, J.P.
E. Harris & Mary Jane Nichols, 11 Oct. 1848. Sol.
15 Oct. 1848, W.W. Williams, J.P.
Williams E. Gower & Rosannah Durham, 10 Feb. 1849. Sol.
13 Feb. 1849, W.W. Williams
Simeon Frey & Mary J. Deen, 5 July 1849. Sol. Robert
Draughon, J.P.
Geo. McCauley & P.L.A. Darden, 31 Aug. 1849. Sol.
1 Sep. 1849, M.P. Parham, Minister of M.E. Church
South
David Sanders & Martha F. Forbes, 5 Jan. 1849. Sol.
18 Jan. 1849, W.W. Williams, J.P.
James W. Sherron & Rebecca Maxey, 9 July 1849. Sol.
12 July 1849, W.W. Williams, J.P.
John Travis & M.C. Watson, 22 Nov. 1848. Sol.
24 Nov. 1848, W.W. Williams
Washington Wall & Harriet Walker, 27 March 1847. Sol.
8 April 1847, W.W. Williams

Page 165
S. Watson & E.A. Johnson, 29 Oct. 1847. Sol.
    W.W. Williams, J.P.
Benj. F. Stewart & Emily Maxey, 9 Dec. 1848. Sol.
    23 Dec. 1848, W.W. Williams, J.P.
A.B. Johnson & E.G. Bagget, 23 April 1849. Sol.
    28 April 1849, S.H. Wills, J.P.
Isaac Walton & Louisa Cage, 26 May 1849 (page 163).
B.F. Chandler & L.P. Cook, 10 Jan. 1849. Sol.
    11 Jan. 1849, James Sprouse, J.P.
David Cook & M.A. Chowning, 22 Feb. 1849. Sol. James
    Sprouse, J.P.
Robert Watson & Martha J. Adams, 30 Dec. 1848. Sol.
    James Byrnes, J.P.
E.S. Small & J.T. Hill, 13 Feb. 1849. Sol. Tho. W.
    Ruffing, J.P.

Page 166
Sol. Jackson & Mary Howard, 2 Aug. 1849. Sol. T.B.
    Mathews, J.P.
William Robertson & Frances Elliott, 4 July 1849. Sol.
    G.B. Mason, J.P.
Anderson Adcock & Carlina Smiley, 9 June 1849. Sol.
    14 June 1849, John Warren, J.P.
Jos. E. McGuire & M.E. Chiam, 10 Jan. 1849. Sol.
    Isaac Steel
Aaron Caudle & Sarah Stringer, 26 Oct. 1849. Sol.
    27 Oct. 1849, Isaac Steel
W.H. Clayton & S.E. Willis, 23 May 1848. Sol.
    24 May 1848, Isaac Steel
Elsey Jones & Martha Hampton, 15 April 1849. Sol.
    Isaac Steel
Noah Draper & Charity Arnold, 26 Oct. 1848. Sol.
    27 Oct. 1848, Isaac Steel
James Brown & Jane E. Carpenter, 20 Dec. 1848. Sol.
    Isaac Steel

Page 167
William R. Doyal & Harriet Choat, 25 April 1849. Sol.
    29 April 1849, John Crafford, J.P.
William A. Adams & Susan Chapman, 26 April 1849. Sol.
    G.B. Mason, J.P.
John L. Yates & P. Gorham, 10 Jan. 1849. Sol. Tho.
    Farmer, J.P.
A.C. Gains & L.L. Norfleet (Louisa), 27 Dec. 1849. Sol.
    28 Dec. 1849, Robert Williams, M.G.
John Walker & Nancy Wilson, 25 Aug. 1849. Sol. B.W.
    Bradley, J.P.
C. Payne & Ann Payne, 25 Aug. 1849. Sol. J.M. Harry
Richd. W. Smith & Eliz Warren, 10 Oct. 1849. Sol.
    J.M. Gunn, J.P.
D.M. Hooper & E. Roberts, 17 Oct. 1849. Sol. J.M.
    Gunn, J.P.

ROBERTSON COUNTY MARRIAGES

Page 168
John G. Bradley & E.C. Felts, 4 Sep. 1849. Sol.
6 Sep. 1849, A.B. Sayor
Samuel W. Page & Eliza Smith, 23 Oct. 1849. Sol.
30 Oct. 1849, James Lamb
Moses Stanley & Mary J. Warren, 21 Aug. 1849. Sol.
23 Aug. 1849, James Sprouse, J.P.
W.F. Cobb & S.M. Darden, 15 Sep. 1849. Sol. 16 Sep. 1849,
Robert Draughon, J.P.
Elias Volver & Wilmouth Ann Thomas, 12 May 1849. Sol.
13 May 1849, W.H. Bugg, J.P.
Asa Daub & Prudence Turner, 27 Aug. 1849. Sol.
28 Aug. 1849, W.H. Bugg, J.P.
J.L. Kirby & Mary G. Gagle, 27 April 1849. Sol.
2 May 1849, W.H. Bugg
J. Sullivan & Jane Bowers, 6 Sep. 1849. Sol. J.
Lawrence, J.P.

Page 169
C.B. Williams & A.W. Jernigan, 21 Sep. 1849. Sol.
23 Sep. 1849, B. Randolph, J.P.
John A. Link & Matilda Randolph, 8 Sep. 1849. Sol.
12 Sep. 1849, B. Randolph, J.P.
Jordon T. Judkins & E.C. Adkinson, 5 Sep. 1849. Sol.
9 Sep. 1849, L.M. Taylor, M.G.
W.J. Harris & Sarah A. Winn, 18 Jan. 1849. Sol.
Jeremiah Batts, J.P.
B.F. Stoltz & Amanda Winn, 13 Jan. 1849. Sol. Jeremiah
Batts, J.P.
John J. Moulton & Susan Cobb, 11 Aug. 1849. Sol.
12 Aug. 1849, Patrick Martin, M.G.
John F. Swann & Martha Wilson, 21 June 1849. Sol.
Robert Draughon, J.P.
C.H. Abernatha & N.J. Hollis, 13 Jan. 1849. Sol. B.
Rawls, M.G.
W.P. Warren & M.A. Moizee, 21 Aug. 1849. Sol.
22 Aug. 1849, James Sprouse

Page 170
John D. Huffman & Mary A. Rawls, 11 Oct. 1849. Sol.
Benjamin Rawls
James G. Brynes & Aramiscia Dunn, 1 Nov. 1849. Sol.
Benjamin Rawls
Elias Millican & Sarah A. Redding, 11 Oct. 1849. Sol.
Benja. Rawls
Harrison Kelly & Nancy Rose, 16 July 1849. Sol.
19 July 1849, W.B. Kelly, M.G.
William Jones & Martha Lucas, 11 Sep. 1849. Sol.
13 Sep. 1849, Eli Baggett, J.P.
Isham Tredway & L.J. Gilbert, 6 Oct. 1849. Sol.
7 Oct. 1849, R.G. Cole, J.P.
Thos. A. Adams & Martha Gardner, 2 Aug. 1849. Sol. J.
Lawrence, J.P.
Alex H. Williams & Nancy A. Shaw, 19 Sep. 1849. Sol.
20 Sep. 1849, Benj. Rawls, M.G.

51

Wm. B. Chambliss & Sarah A. Chaudion, 19 Dec. 1848.
Sol. Benja. Rawls

Page 171
James M. Pike & M.A.M. Andrews, 5 Jan. 1847. Sol. B.
Rawls
Amos G. Felts & M.L. Coleman, 16 Dec. 1848. Sol. B.
Rawls
Lewis Thomas & Mary Pool, 27 May 1849. Sol. Benj. Rawls
Geo. W. Frey & Sarah B. Beadwell, 15 Nov. 1849. Sol.
16 Nov. 1849, B. Rawls
J.K. Milliken & L.J. Dowlen, 25 Sep. 1849. Sol. Benja.
Rawls
Wm. N. Foots & M.B. Walton, 7 Feb. 1850. Sol.
10 Feb. 1850, B. Randolph, J.P.
J. Franklin & Amanda Harrison, 22 Feb. 1850. Sol.
24 Feb. 1850, G.B. Mathews
B. Brakefield & A. Aleom, 25 Feb. 1850. Sol. G.B. Mason
Simon P. Knox & M.A. Nicholson, 14 June 1850. Sol.
17 Jan. 1850, J. Moore, M.G.

Page 172
Joseph Wilson & Mahala E. Baggett, 7 Jan. 1850. Sol.
9 Jan. 1850, Eli Baggett, J.P.
Wm. Dose & Nancy D. Elmore, 1 Jan. 1850. Sol.
2 Jan. 1850, W.B. Kelly, M.G.
Benj. F. Drake & Julina Green, 22 Jan. 1850. Sol.
Benjamin Rawls, M.G.
Eli T. Harron & A. Williams, 3 Dec. 1849. Sol.
4 Dec. 1849, Jorden Moon, M.G.
Derias Gorham & S.V. Harrison, 5 March 1850. Sol.
James Woodard, J.P.
Levi Pitt & Hannah Dunn, 11 Feb. 1850. Sol.
12 Feb. 1850, Lewis Adams, M.G.
John Randolph & Harriet Randolph, 21 Feb. 1850. Sol.
J.M. Henry, J.P.
Benjamin Hooper & Sary Sands, 4 March 1850. Sol.
James Woodard, J.P.
Jesse Wright & E.J. Caudle, 15 Dec. 1849. Sol.
16 Dec. 1849, W.M.C. Barr, J.P.

Page 173
John B. Carter & M.E. Chowning, 17 Jan. 1850. Sol.
J. Sprouse, J.P.
Carter Pearson & Lucy Ponds, 23 Jan. 1850. Sol.
24 Jan. 1850, Wm. M.C. Barr, J.P.
John Glover & Tollsberry Harris, 8 Jan. 1850. Sol.
9 Jan. 1850, A.B. Sayors, J.P.
James Gilbert & Charlotte Brinain, 26 Jan. 1850. Sol.
23 Feb. 1850, R.G. Cole, J.P.
Wm. Volner & Nancy Boren, 3 Oct. 1849. Sol.
4 Oct. 1849, W.H. Bugg, J.P.
Henry Chaudion & Luoretia Pool, 25 Sep. 1849. Sol.
28 Sep. 1849, W.H. Bugg, J.P.

ROBERTSON COUNTY MARRIAGES

G.W. Barr & Jane Cannon, 30 Jan. 1850. Sol. W.H. Bugg
J.P.
J.C. Jones & Augestine Burch, 19 Dec. 1849. Sol.
26 Dec. 1849, W.H. Rife, J.P.

Page 174
Abner Keller & Sarah Stark, 19 Dec. 1849. Sol.
20 Dec. 1849, W.W. Mann
Samuel J. Murphy & Eliza Traughber, 26 Feb. 1850. Sol.
3 March 1850, D.G. Baird, J.P.
Washington J. Williams & Louisa Brewer, 26 Nov. 1849.
Sol. 29 Nov. 1849, W.B. Kelly, M.G.
G.C. Cummings & Mary T. Johnston, 29 Jan. 1850. Sol.
Lewis Adams, M.G.
James Bobbett & Julia A.L. Whetter, 3 Dec. 1849. Sol.
6 _____. 1850, B.W. Bradley, J.P.
Daniel C. Johnston & Elizabeth Holland, 4 Feb. 1850.
Sol. 5 Feb. 1850, Robert Green, J.P.
Jacob Mafford & Sally Trughber, 27 Dec. 1849. Sol.
D.G. Baird, J.P.
Hillery Fisher & Elizabeth Flood, 18 Nov. 1849. Sol.
B. Randolph, J.P.

Page 175
Ed M. Richard & Pernecy Payson, 6 Nov. 1850. Sol.
12 Nov. 1849, J.M. Henry, J.P.
Albert West & M.A. Wright, 27 Nov. 1849. Sol.
29 Nov. 1849, J.M. Henry, J.P.
James A. Williams & Mary C. Allen, 22 Dec. 1849. Sol.
27 Dec. 1849, Patrick Martin, M.G.
James H. Hall & Mary F. James, 6 Dec. 1849. Sol.
9 Dec. 1849, Lewis Adams, M.G.
Jno F. Couts & Eliz. A. Davis, 16 Dec. 1849. Lewis
Adams, M.G.
John A. Cannon & M.M.M. Hamson, 29 Oct. 1849. Sol.
2 Nov. 1840, Tho. W. Ruffin, J.P.
F.W. Grubbs & R.A. Warren, 31 Dec. 1849. Sol.
1 Jan. 1850, James Anderson, J.P.
A.H. Briggs & Leethy Warren, 14 Dec. 1849. Sol.
18 Dec. 1849, James Anderson, J.P.
David Flood & L.A. Fisher, 6 Jan. 1849. Sol. B.
Randolph, J.P.

Page 176
Greenberry Reddle & E.F. Summerville, 9 Oct. 1849. Sol.
11 Oct. 1849, Thos. West, Bap. Minister
Tho. D. Mathews & M. McMurry, 31 Dec. 1849. Sol.
E. Baggett, J.P.
J.M. Chandler & Lutitia Wilson, 10 Dec. 1849. Sol.
13 Dec. 1849, James Sprouse, J.P.
Frederick Jones & Nancy Esura, 1 Oct. 1849. Sol.
J. Sprouse, J.P.
Thos. B. Polk & A.E. Long, 2 Jan. 1850. Sol.
3 Jan. 1850, L. Adams, M.G.

ROBERTSON COUNTY MARRIAGES

Moses E. Fortner & Martha Grow, 24 Dec. 1849. Sol.
  D.G. Baird, J.P.
S. Murphy & F. Elliotte, 10 May 1848. Sol.
  12 May 1848, Thomas Farmer, J.P.
A.H. Herring & M. Stanley, 10 Jan. 1850. Sol. J.W.
  Hunt, J.P.

Page 177
Henry F. White & Elizabeth Fort, 25 March 1850. Sol.
  26 March 1850, R.W. Bradley, J.P.
Jesse Clark & Sally Chambers, 13 June 1850. Sol.
  15 June 1850, J.W. Hunt, J.P.
A.J. Lunsford & Martha Dorris, 6 June 1850. Sol.
  D.G. Baird, J.P.
Luther Riggins & Nancy Trimble, 25 June 1850. Sol.
  J.E. Winfield, Clk.
James R. Rose & Mariah Coke, 12 March 1850. Sol.
  G.B. Mason, J.P.
J.L. Gillem & M.C. Starke, 22 Dec. 1849. Sol.
  24 Dec. 1849, J.D. Barnes, M.G.
M.L. Draughon & S.H. Murphy, 3 April 1850. Sol. Tho.
  Farmer, J.P.
B. Bowlin & E. Newman, 7 April 1850. Sol. John W.
  Hanner, M.G.

Page 178
Robert Huddleston & Alabama Benson, 27 March 1850. Sol.
  28 March 1850, B. Randolph, J.P.
Jeremiah Franklin & Amanda Hamson, 22 Feb. 1850. Sol.
  24 Feb. 1850, T.B. Mathews, J.P.
Joseph Wilson & M.E. Baggett, 7 Jan. 1850. Sol.
  9 Jan. 1850, E. Baggett, J.P.
James Draughon & Avalina Frey, 27 March 1850. Sol.
  B. Randolph, J.P.
Wm. N. Foote & Martha B. Walton, 7 Feb. 1850. Sol.
  10 Feb. 1850, T.B. Mathews, J.P.
W. Brakefield & A. Alcorn, 25 Feb. 1850. Sol. G.B.
  Mason, J.P.
T.P. Crutcher & J.A. Bedwell, 13 Feb. 1850. Sol. Benj.
  Rawls, M.G.
Lewis Warren & Mary Appleton, 29 Jan. 1850. Sol. J.M.
  Gunn, J.P.

Page 179
Joseph Turner & Sarah A. Babb, 18 Feb. 1850. Sol.
  20 Feb. 1850, Greenberry Kelly, M.G.
E. Knox Turner & Martha A. Nicholas, 14 Jan. 1850. Sol.
  19 Janl 1850, J. Moon, M.G.
James Yates & Louesa Moon, 4 May 1850. Sol. 5 May 1850,
  B. Randolph, J.R.
Wm. H. Roderick & Martha J. Dunn, 4 May 1850. Sol.
  6 May 1850, Benjamin Rawls, M.G.
James Farthing & Sereno Adams, 6 April 1850. Sol.
  7 April 1850, G.B. Mason, J.P.

54

W.H. Shepperd & Margaret Franklin, 13 May 1850. Sol.
  16 May 1850, J.M. Stemmons
James Wallace & M.H. Jones, 2 June 1850. Sol.
  4 June 1850, Eli Baggett, J.P.
James Sewell & T. Barrow, 26 Feb. 1850. Sol.
  28 Feb. 1850, J.M. Stemmons

Page 180
John Crafford & Martha Brakefield, 30 March 1850.
  Sol. 1 April 1850, W.L. Baldry, M.G.
T.M. Nave & M.A. Cobb, 2 May 1850. Sol. 7 May 1850,
  Tho. Martin,
G.W. Parker & Martha J. Carter, 22 May 1850. Sol.
  P. Martin, M.G.
W.L. Hudwall & E. Christmas, 6 April 1850. Sol.
  7 April 1850, J.M. Henry, J.P.
John C. Adams & Mary Benson, 9 June 1850. Sol. D.G.
  Baird, J.P.
Albert Mays & Mary Harrison, 16 March 1850. Sol.
  18 March 1850, John Crafford, J.P.
Andrew J. Cole & Ellen Villines, 8 June 1850. Sol.
  9 June 1850, Wm. H. Rife, J.P.
Josiah M. Dorris & Amanda Hampton, 13 June 1850. Sol.
  D.G. Baird, J.P.

Page 181
Wm. Summers & Jane Nichols, 12 March 1850. Sol. John
  Crafford, J.P.
Geo. W. Smith & Milly Agee, 11 Feb. 1850. Sol.
  12 Feb. 1850, John Crafford, J.P.
C. Doyal & E. Phepps, 21 Dec. 1849. Sol. John
  Crafford, J.P.
Vincent Braswell & Lucinda A. Sick, 5 Aug. 1850. Sol.
  J.W. Featherston, M.G.
Thos. Spain & Martha L. Davis, 14 Aug. 1850. Sol.
  Lewis Adams, M.G.
Tho. Baird & E.T. Cole, 22 Aug. 1842. Sol. 24 Aug. 1850,
  Isaac Steel
Calvin Wilson & Lucinda Williams, 10 Janl 1850. Sol.
  17 Jan. 1850, Isaac Steel
Saml W. Sherrod & Susan Harris, 10 April 1850. Sol.
  J.W. Featherston
Wm. K. Stone & M.J. Samuel, 30 Jan. 1850. Sol. Isaac
  Steel

Page 182
Richard C. Sprouse & Mary A. Carter, 22 Aug. 1850. Sol.
  James Sprouse, J.P.
P.M. Carter & L.A. Carter, 14 Oct. 1850. Sol.
  15 Oct. 1850, Tho. Martin,
Willis Johnson & Mary Night, 31 _____. 1850. Sol.
  Thos. Farmer, J.P.
Flivoas J. Carter & Sarah E. Parker, 15 Aug. 1859.
  Sol. Patrick Martin,

William Redfern & Mary Long, 20 Aug. 1850. Sol.
21 Aug. 1850, W. B. Kelly, M.G.
Zachariah Durham & Carline Winters, 26 June 1850.
Sol. 3 July 1850, B. W. Bradley, J.P.
Thimothy T. Lasiter & Lucinda A. Adams, 19 Aug. 1850.
Sol. 20 Aug. 1850, J. W. Featherston, M.G.
Elisha W. Willis & Mary A. R. Roberts, 15 Dec. 1849.
Sol. 16 Dec. 1849, E. W. Benson, M.G.
E. Baggett & A. L. Shannon, 4 Sep. 1850. Sol. Eli
Baggett, J.P.

Page 183
P. B. Holland & Carline Wells, 3 Aug. 1850. Sol.
9 Aug. 1850, W. L. Baldry, M.G.
Wm. H. Smith & Emily Standfield, 29 Aug. 1850. Sol.
Thomas Farmer, J.P.
Ellis Nipper & Mary Sellers, 26 Sep. 1850. Sol.
T. B. Mathews, J.P.
Absalum Vance & Nancy Reynolds, 18 Aug. 1850. Sol.
20 Aug. 1850, David M. Wells, J.P.
James C. Hulsey & Martha Dickerson, 22 July 1850.
Sol. 23 July 1850, Elisha Lutor.
Noah Elks & Sary I. Clark, 20 Sep. 1850. Sol.
24 Sep. 1850, Tho. West, Baptist Minister.
Wm. Brooke & Emeline Krisel, 19 March ____. No record
of return.
H. B. Barnes & M. E. Chance, 12 Oct. 1850. Sol. 13 Oct.
1850, F. R. Gooch, L.O.
Wm. J. Gambill & Mary E. Johnson, 10 Oct.1850. Sol.
Thos. Farmer, J.P.

Page 184
Josiah Farmer & Nancy Long, 10 Aug. 1850. Sol. 11 Aug.
1850, Lewis Adams, M.G.
C. S. Gooch & Mary J. Watson, 5 Oct. 1850. Sol. 6 Oct.
1850, Mark Sellers, M.G.
J. M. Campbell & Mary A. Fulton, 24 Sep. 1850. Sol.
27 Sep. 1850, W. B. Kelly, M.G.
Asa Ladbetter & E. N. Anglin, 26 Oct. 1850. Sol.
27 Oct. 1850, T. B. Mathews, J.P.
Jesse J. Rawls & J. C. Gooch, 3 Sep. 1850. Sol.
Benjamin Rawls, M.G.
R. R. Mayes & Elizabeth E. Watson, 1 Oct. 1849. Sol.
2 Oct. 1849, Robert Williams, M.G.
John Dickerson & Mary Compesry, 8 March 1851. Sol.
9 March 1851, Thomas B. Mathews.
William Adams & Jane Dickerson, 3 March 1851. Sol.

Absalum A. Tatum & Martha T. Dunn, 2 March 1851. Sol.
Tho. Farmer, J.P.for Robertson County State of Tenn.

Page 185
Wm. P. Sales & Elizabeth Randolph, 12 Feb. 1851. Sol.
18 Feb. 1851, B. Randolph.

John C. Howard & Nancy F. Turner, 14 Jan. 1851. Sol.
22 Jan. 1851, W. H. Rife, J.P.
James E. Lawrence & Sally Barnes, 10 Feb. 1851. Sol.
13 Feb. 1851, Joseph Gunn, M.G.
John Stewart & Nancy W. Coats, 18 Feb. 1851.
Sol. J. M. Henry, J.P.
Richard M. Winn & Martha Appleton, 6 Jan. 1831.
Sol. 9 Jan. 1851, J. M. Gunn, J. P.
Paschal Haley & Eliz. B. Smith, 21 Jan. 1851.
Sol. 22 Jan. 1851, Robert Draughon, J.P.
Benjamin Stark & Jane F. Hall, 25 Jan. 1851. Sol.
2 Feb. 1851, B. Randolph, J.P.
James Fisher & Elsunda Doss, 7 Jan. 1851. Sol.
9 Jan. 1851, B. Randolph.
Thos. Winns & Louisa Dickerson, 21 Dec. 1850. Sol.
22 Dec. 1850, Tho. B. Mathews, J.P.

Page 186
James D. Hubbard & Elizabeth Scott, 18 Feb. 1851.
Sol. Robert Draughon.
Willis Nichols & Sarah E. Harris, 6 Feb. 1851. Sol.
J. W. Hunt, J.P.
McCarney A. Orman & Dicy Dickerson, 31 Dec. 1850.
Sol. 1 Jan. 1851, J. W. Hunt, J.P.
John S. C. Adams & Mary Cochran, 6 July 1850. Sol.
9 July 1850, A. Rose, M.G.
John W. Cochran & Nancy D. Hudgins, 15 May 1850. Sol.
16 May 1850, A. Rose, M.G.
William Tatum & Harriet Freeman, 25 Aug. 1850. Sol.
26 Aug. 1850, D. G. Baird, J.P.
Henderson J. Crocker & L. E. Doss, 2 Dec. 1850. Sol.
4 Dec. 1850, B. Randolph, J.P.
Lewis Warren & Nancy J. Webb, 30 Nov. 1850. Sol.
1 Dec. 1850, O. H. Morrow, M.G.
Samuel O. Cloud & Martha W. Roberts, 4 Oct. 1850.
Sol. 5 Oct. 1850, D. G. Baird, J.P.

Page 187
Clayton T. Edwards & Pantha A. Stark, 26 Dec. 1851.
Sol. B. Randolph, J.P.
Wm. W. Rainwater & Rebecca J. McDaniel, 22 May 1850.
Sol. Jas. Woodard, J.P.
James W. Welborne & Susan Gooby, 13 July 1849. Sol.
13 July 1850, Jas. Woodard, J.P.
John J. Lowry & R. A. Davis, 23 Oct. 1850. Sol.
Jas. Woodard.
Armstead Aihin & Nancy Hardy, 2 Sep. 1850. Sol.
5 Sept. 1850, James Woodard, J.P.
Collin Adams & Elizabeth W. Gunn, 19 Sep. 1850. Sol.
W. H. Adams, M.G.
Stephen Smelser & E. A. Dozier, 16 May 1849. Sol.
18 May, 1849, James Woodard.
Robt. A. Poor & Sarah A. Powell, 12 Dec. 1849. Sol.
13 Dec. 1849, Jas. Woodard, J.P.

A. Dorris & A. E. Crawford, 19 Nov. 1849. Sol.
20 May 1849, Jas. Woodard, J.P.
T. W. Arnold & E. J. Wheeler, 4 July 1849. Sol.
Jas. Woodard, J.P.

Page 188
Joseph Porter & Martha Ritter, 28 April 1850. Sol.
30 April 1850, James Woodard, J.P.
Joseph W. Felts & A. R. Owen, 30 Dec. 1850. Sol.
Tho. W. Felts, 1 Jan. 1851.
James A. Duncan & Mary J. Browning, 1 Aug. 1850. Sol.
Jas. Woodard, J.P.
George W. Simmons & M. A. Traughber, 26 Oct. 1850.
Sol. Thos. W. Felts.
Stephen A. Ligon & Susannah C. Fort, 15 Nov. 1850.
Sol. 19 Nov. 1850, Tho. Watts, M.G.
George W. Morris & A. J. Morris, 24 Dec. 1850. Sol
P. Martin, M.G.
Geo. E. Thomas & Mary J. Thomas, 28 Dec. 1850. Sol.
29 Dec. 1850, J. W. Featherston, M.G.
W. G. Baggett & L. A. Clark, 8 Nov. 1850. Sol. 10 Nov.
1850, E. Baggett, J.P.

Page 189
Lemuel Chowning & Amanda J. Cole, 30 Nov. 1850. Sol.
1 Dec. 1850, O. H. Morrow, M.G.
Drury Wilson & Elizabeth Dorris, 23 Dec. 1850. Sol.
W. L. Barldry, M.G.
Mathew J. Draughon & Polly A. Solomon, 5 Dec. 1850.
Sol. Thos. B. Mathews.
William Eddings & Susan Samuel, 24 Oct. 1850. Sol.
28 Oct. 1850, G. B. Mason, J. P. for Robertson County
James W. Dorris & Mary Powell, 10 Oct. 1850. No record
of return.
W. C. Young & P. A. Hutchison, 24 June 1850. Sol.
John Wynn, M.G.
E. R. Rose & V. A. Green, 19 Dec. 1850. Sol. Thos.
Farmee, J.P.
P.M. Leaton & Mississippi Stone, 23 Oct. 1850. Sol.
R. G. Cole, J.P.
H. T. Madin & L. A. Gordon, 19 Nov. 1850. Sol.
21 Sep. 1850, Thos. W. Ruffin, J.P.
G. A. Walls & Martha Ayers, 24 Sep. 1850. Sol.
Thos. Farmer, J.P.

Page 190
M. W. Rose & Elizabeth G. Kelly, 7 June 1850. Sol.
9 June 1850, W. B. Kelly, M.G.
J. M. Wines & L. V. Clerk, 14 Dec. 1850. Sol. 15 Dec.
1850, Benjamin Rawls, M.G.
James I. Coleman & Margaret J. Harrison, 23 Nov. 1850.
Sol. Benjamin Rawls, M.G.
W. C. Pepper & E. L. P. Baldry, 3 Dec. 1850. Sol.
5 Dec. 1850, W. L. Baldry, M.G.

L. B. James & N. A. Cobb, 9 Nov. 1850. Sol. 10 Nov.
1850, P. Martin, L. D.
James L. Pride & P. E. Porter, 4 May 1850. Sol.
23 June 1850, Thos. W. Ruffin, J.P.
W. L. Frey & Lucy J. Fountain, 9 Jan. 1851.
Solemnized _____
John Allsbrook & Polly Booker, 8 Jan. 1851. Sol.
M. C. Banks, J.P.
Vincent W. Pitt & E. A. Willis, 6 Jan. 1851. Sol.
8 Jan. 1851, Joseph Willis, M.G.

Page 191
Cornelius Dorris & Lucy Aiken, 4 July 1851. Sol.
8 July 1851, W. L. Baldry, M.G.
William Burgess & Martha Murphy, 8 May 1851. Sol.
9 May 1851, R. G. Cole, J.P.
C. W. Campbell & Caroline Wilson, 17 May 1851. Sol.
Robert Green, J.P.
James H. Doyel & Polly Ann Choat, 30 Dec. 1850. Sol.
3 Jan. 1851, John Crafford, J.P.
Griffin Gunn & Sarah A. Winn, 18 Feb. 1851. Sol.
20 Feb. 1851, J. M. Gunn, J.P.
James Brakefield & Susan Harris, 11 Jan. 1851. Sol.
G. B. Mason, J.P.
Alfred J. Rose & Martha A. Harris, 31 March 1851.
Sol. G. B. Mason, J.P.
W. H. Green & Amanda Binkley, 18 Nov. 1850. Sol.
20 Nov. 1850, John Crafford, J.P.

Page 192
C. J. Norris & E. L. McHenry, 16 Oct. 1850. Sol.
17 Oct. 1850, Mark Senter, M.G.
John B. Jackson & Mary Phipps, 29 March 1851. Sol.
31 March 1851, John Crafford, J.P.
Robert J. Green & Mary C. Nave, 26 Feb. 1851. Sol.
Thomas Martin, M.G.
Richard M. Adams & Amanda Morris, 29 April 1851.
Sol. James Sprouse, J.P.
Richard A. Davis & L. A. Polk, 21 April 1851. Sol.
J. W. Featherston.
James B. Bell & Virginia Thomas, 12 May 1851. Sol.
13 May 1851, Joseph Willis, M.G.
Henry Keller & Martha Pitts, 2 April 1851. Sol.
3 April 1851, Joseph Willis, M.G.
Daniel Johns & Rebecca Holland, 14 March 1851. Sol.
W. H. Rife, J.P. for Robertson County.

Page 193
Warren Price & P. Babb, 18 March 1851. Sol. 20 March
1851, W. H. March, J.P.
N. Lawrence & Elizabeth Daughtery, 9 July 1851.
Sol. 10 July 1851, James Anderson, J.P.
John L. Brown & M. A. McCarty, 30 June 1851.
Sol. Thomas Farmer, J.P.

Henry Kirh & L. V. Bowers, 14 June 1851. Sol. 15 June
1851, Joseph Willis, M. G.
Lewis Brumbelow & Inisey Crutcher, 2 June 1851. Sol.
8 June 1851, James Anderson, J.P.
John W. Martin & Syntha C. Parker, 18 June 1851. Sol.
19 June 1851, Thomas Martin, M.G.
Stephen Choat & Rhoda Warren, 6 Jan. 1851. Sol. 7 June
1851, R.G. Cole, J.P.
Wm. C. Shannon & Martha W. Baggett, 23 July 1851. Sol.
24 July 1851, David Henry, J.P.

Page 194
Hugh Smiley & Martha A. Harrison, 19 July 1851. Sol.
20 July 1851, David Henry, J.P.
Ruffin S. Flowers & Mary C. Bell, 26 Feb. 1851. Sol.
D.G. Baird, J.P.
Macon Moore & Dally Murphy, 12 May 1851. Sol. 12 June
1851, Robert Draughon, J.P.
William L. Stephen & Melissa A. LePrade, 11 Jan. 1851.
Sol. 15 Jan. 1851, Tho. Watts, M.G.
Willie Pope & H.A. Adams, 28 May 1851. Sol. 20 May 1851,
G.B. Mason, J.P.
James M. Blackburn & Mary E. Maddon, 4 July 1851. Sol.
Robert Draughon, J.P.
George W. Farmer & Julia J. Hayes, 27 May 1851. Sol.
Thomas Farmer, J.P.
John Campbell & Anna Crunk, 30 July 1851. Sol. D.M. Wells
J.P.

Page 195
Adam H. Frey & Dorothy Quin, 12 June 1832. Sol. M. Powell
J.P.
William Farthing & Rachel C. Parsons, 15 July 1833. Sol.
M. Powell, J.P.
James L. Adams & Louisa Gardner, 23 Oct. 1834. Sol.
M. Powell, J.P.
Darby Ryan & Milly Farmer, 5 June 1834. Sol. M. Powell,
J.P.
Miles Draughon Jun. & Caroline Ann Clark, 2 Oct. 1834.
Sol. M. Powell, J.P.
Henry Dunn & Elizabeth Farless, 12 Dec. 1830. Sol.
M. Powell, J.P.

Page 196
Clement (Noel) Brown & Mary Smith, 9 March 1833. Sol.
13 March 1833, M. Powell, J.P.
Joseph W. Watts & Sally C. Green. 6 Nov. 1851. Sol.
A.B. Sowyars (Soyers?), J.P.
Joel Harris & Dicy J. Walker, 20 Oct. 1851. Sol. A.B.
Sowyars (Soyars?), J.P.
Wm. R. Huddleston & Barbary A. Stanley, 25 Nov.
Sol. M.C. Banks, J.P.
C.A. Birkley & M.E. Binkley, 1 Jan. 1851. Sol. M.C.
Banks, J.P.

ROBERTSON COUNTY MARRIAGES

J.C. Holman & L.A. Baggett, 30 Nov. 1851. Sol. David
Henry, J.P.

Page 197
James H. Murphy & Mary Ann Binkley, 4 Dec. 1851. Sol.
Ro. Draughon, J.P.
J.M. Suter & Mary A. Wall, 29 Sept. 1851. Sol. Thomas
Farmer, J.P.
Edward Carter & Penelope Condway, 21 March 1851. Sol.
F.C. Plaster
Wm. Repetoe & Nancy Chewning, 2 Nov. 1851. Sol. J.M.
Henry, J.P.
R.C. Lawrence & Sarah Head, 9 Oct. 1851. Sol. J. Lorence,
J.P.
Marcus L. Jones & Mary L. Simmons, 9 Oct. 1851. Sol.
W.H. Rife, J.P.

Page 198
Zaack H. Bell & Eliza J. Powell, 11 Nov. 1851. Sol.
J.M. Gunn, J.P.
J.H. Long & Sally Farmer, 14 Oct. 1851. Sol. J. Batts,
J.P.
S.C. Durrett & Malinda Gingo (?), 29 Oct. 1851. Sol.
H.W. Pill, J.P.
David M. Lucas & L.J. Surpt (?), 27 Oct. 1851. Sol.
H.W. Pill, J.P.
A.J. Hunt & Elizabeth Sanders, 22 Oct. 1849. Sol. John
Forbes, J.P.

Page 199
G.W. Moake & H. Jackson, 15 Jan. 1858. Sol. John Forbes,
J.P.
F.M. Thaxton & E. Everett, 14 Sept. 1848.
L. Richerson & R (M) Binkley. Sol. 16 Dec. 1846, John
Forbes, J.P.
James Winn & Dosha Hooper, 14 July 1847. Sol. John
Forbes, J.P.

Page 200
Wm. C. Sanders & Rhoda Hunt, 21 Dec. 1843. Sol. John
Forbes, J.P.
Jonathan Edwards & M. Lucas (Smith), 24 Dec. 1848. Sol.
John Forbes, J.P.
F.M. Grimes & A.V. Barham, 5 June 1848. Sol. John Forbes,
J.P.
A. Martin & H. Reener, 27 Aug. 1851. Sol. Thomas Farmer,
J.P.

Page 201
J. Stewart & N. Harris, 6 Dec. 1849. Sol. John Forbes,
J.P.
W.J. Gossett & E. Ayres, 8 March 1849. Sol. R.B. Dorris.
John P. Dorris & E. Willson, 7 Jan. 1850. Sol. R.B.
Dorris

J.P. Starks & L. Baggett. Sol. 29 Oct. 1851, T. Farmer, J.P.

J.W. Dickerson & E.W. Richerson, 21 Nov. 1849. Sol. John Forbes, J.P.

Page 202

Carter Roberts & V. Martin, 13 Oct. 1851. Sol. I. Steele.

C. Conway & M. Sayle, 14 Nov. 1850. Sol. I. Steele

Samuel Campbell & V.L. Barker, 3 June 1851. Sol. Isaac Steele.

R.I. Samuel & M. J. McDonals, 15 March 1850. Sol. Isaac Steele.

W. Hawkins & M. Caudle, 15 April 1832. Sol. M. Powell, J.P.

A. Mathers & B.G. Murphy, 13 Oct. 1831. Sol. M. Powell, J.P.

Page 203

A. Gowing & M.E. Huddleston, 4 Jan. 1852. Sol. M.C. Banks.

L.C. Clayton & M.A. Dorris, 26 Oct. 1851. Sol. D.G. Baird, J.P.

W.P. Mathers & Harriet Rice, 11 Jan. 1852. Sol. B. Rawls, M.G.

R. Swan & N.J. Smith, 11 April 1851. Sol. Joseph Willis, M.G.

Wm. R. Shepherd & E.J. Grayon, 25 Sept. 1851. Sol. D.G. Baird, J.P.

T. Hughlett & L.M. Murrey, 17 Dec. 1851. Sol. T. West, M.G.

Henry Newton & Nancy Adams, 11 Nov. 1851. Sol. W.H. Adams, M.G.

Page 204

E. Eubank & M.A. White, 16 Oct. 1850. Sol. O.H. Morrow, Esq., M.G.

L. Dunn & M.L. Barnes, 8 Jan. 1852. Sol. Robert Draughon, J.P.

William Powell & Mary Price, 25 Dec. 1851. Sol. Joseph Willis, M.G.

J. Payne & C.A. Sharp, 15 Jan. 1852. Sol. T. B. Mathews, J.P.

W.C. Draughon & E.H. Frey, 28 Aug. 1851. Sol. T.B. Mathews, J.P.

H.L. Ragsdale & M.A. Ragsdale, 19 Oct. 1851. Sol. G.B. Mason, J.P.

Wm. Braswell & N.M. Mason, 27 Nov. 1851. Sol. G.B. Mason, J.P.

Page 205

Isaiah Morris & L. Frey, 23 Dec. 1851. Sol. J. Sprouse, J.P.

John Ayres & M.R. Willis, 10 Dec. 1851. Sol. Tho. W. Felts

R.E. James & M.A. Williams, 21 Jan. 1852. Sol. T.W. Ruffin, J.P.C.
J.B. Harrison & M.E. Barham, 19 Jan. 1852. Sol. T.W. Ruffin, J.P.
J.G. Barham & M.F. Rust, 20 July 1851. Sol. T.W. Ruffin, J.P.C.

Page 206
H. Maxy & E. Walker, 29 Jan. 1852. Sol. W.W. Williams, J.P.
J.M. Eatherly & Will L. Pitt, 27 Jan. 1852. Sol. B. Randolph, J.P.
C. Prine & E. Smith, 15 Jan. 1852. Sol. F.R. Gooch, M.G.
R.R. Redford & E.A. Traughber, 4 Nov. 1851. Sol. D.G. Baird, J.P.
T.M. Henry & Harriett Gunn, 21 Oct. 1851. Sol. Jo Willis, M.G.
J.E. Morrow & An Rosson, 5 Feb. 1852. Sol. R. Williams, M.G.
Tho. A. Holmes & L.J. Parker, 21 Jan. 1851. Sol. Benjamin Rawls, M.G.

Page 207
Q.R. Miles & V.A. Darden, 26 Nov. 1851. Sol. P.H. Fraser, Baptist Minister
C.E. Peacher & I.H. Darden, 10 Feb. 1852. Sol. Robert Williams, M.G.
A. Farthing & W.A. Jones, 20 Nov. 1851. Sol. E.W. Gunn, M.G.
C.A. Hudgins & M.A.C. Fortune, 29 Oct. 1851. Sol. P.M. Frasier, Elder Baptist Ch.
John R. Solomon & E. Price, 1 Feb. 1852. Sol. Joseph Willis, M.G.
W.W. Hopkins & M. Brasier, 29 Nov. 1847. Sol. David Henry, J.P.
William Fletcher & Frances J. Dates, 10 Jan. 1848. Sol. David Henry, J.P.

Page 208
W.L. Granger & S.V. Jones, 10 March 1848. Sol. David Henry, J.P.
Wm. Woodard & L. Savage, 12 Oct. 1848. Sol. D. Hering, J.P.
B. Porter & Malind Roe, 6 Nov. 1848. Sol. David Henry, J.P.R.C.
T. Krisle & E. Woodard, 19 Jan. 1850. Sol. Da Henry, J.P.R.C.
H. Cohea & M. Pitt, 19 Nov. 1851. Sol. David Hering, J.P.R.C.
Perry Cohea & Mary Benton, 23 Dec. 1850. Sol. D. Hering, J.P.R.C.
William A. Larence & O.E. Helsom (?). Sol. 24 April 1851, David Hanry, J.P.R.C.

Page 209

R.O. Mantlo & H.E. Roe, 22 Aug. 1851. Sol. David Henry, J.P.R.C.

E. Benton & Nancy Powell, 31 Aug. 1851. Sol. D. Hering, J.P.

J.B. Tarpley & J. Steel, 21 Jan. 1852. Sol. W.B. Browning.

R.D. Richard & L.L. Binkley, 11 Feb. 1852. Sol. Isaac Steel

Karnice Fillart & Elizabeth Watson, 3 Dec. 1851. Sol. B.A. Rose, M.G.

John Colbren & E.A. Conn, 30 Oct. 1851. Sol. A. Rose, M.G.

W.G. Glover & P.E. Wilson, 15 June 1852. Sol. A.B. Soyars, J.P.

Page 210

L.F. Felts & M. Harris, 16 Oct. 1851. Sol. A.B. Soyars, J.P.

J.R. Jones & Eliza Baggett, 2 Dec. 1851. Sol. R.B. Dorris.

E.P. Grubbs & M. Dorris, 13 Dec. 1849. Sol. R.B. Dorris.

C.I. Williams & C. Warren, 2 Dec. 1850. Sol. R.B. Dorris.

Wm. B. Murry & L.H. Strickland, 20 April 1851. Sol. R.B. Dorris

Wm. T. Sawyers & Martha Ewing, 11 Sept. 1851. Sol. R.B. Dorris.

Page 211

L.M. Tucker & M. Bennett, 11 Feb. 1851. Sol. R.B. Dorris.

G.W. Davis & E.J. Connel, 24 Feb. 1852. Sol. Joseph Willis, M.G.

William S. Shaw & F.A. Cattle, 24 Dec. 1849. Sol. 26 Dec. 1849, Thomas W. Felts, Esq.

John D. Reeve & Frances V. Nave, 22 Oct. 1857. Sol. 23 Oct. 1857, J.W. Hunt, J.P.

Ge. Brack & Rebecca Bobbett, 28 May 1851. Sol. 1 June 1851, W.W. Williams, J.P.

Boliver Payne & Lydia Woodall, 28 Dec. 1846. Sol. 31 Dec. 1846, W.L. Payne, J.P.

William Stringer & Rachel K. West, 27 Dec. 1851. Sol. 30 Dec. 1851, John M. Billingsley, M.G.

Page 212

General Jackson Gorham & Jamima Ray, 11 Sept. 1851. Sol. Jas. Woodard

Joseph I. Freeman & Elizabeth Vilott, 21 May 1851. Sol. Jas. Woodard.

Ephriam Benton & Scina Moore, 18 Jan. 1851. Sol. Jas. Woodard.

Jonathan J. Reeves & Mary A.E. Moore, 27 May 1851. Sol. J.W. Hunt, J.P.

J.W. Head & R.A.R. Harris, 9 March 1852. Sol. 11 March 1852, J.W. Hunt, J.P.

ROBERTSON COUNTY MARRIAGES

William Anderson & Lutilda Chesser, 13 Dec. 1852. Sol.
    14 Dec. 1852, J.S. Hollis, J.P.
John W. Williams & Margaret A. Hackney, 1 Jan. 1852. Sol.
    J. Crafford, J.P.

Page 213
And. J. Frey & Julia A. Bernard, 13 Feb. 1852. Sol.
    15 Feb. 1852, P.H. Fraser B.E.
B.F. Reed & Mary A. Miles, 2 March 1852. No Return.
Joseph I. Sherron & Mary Maxey, 25 Feb. 1852. Sol.
    27 Feb. 1852, W.W. Williams.
Wm. W. Payne & Emily Steele, 28 April 1852. Sol. James
    Sprouse, J.P.
J.S. Rosson & Sarah V. Peck, 5 April 1852. Sol. 7 April
    1852, Robert Williams, M.G.
William C. Porter & Susan O. Wilks, 4 May 1852. Sol.
    6 May 1852, Joseph Willis, M.G.

Page 214
M.W. Draughon & P.B. Watson, 5 May 1852. Sol. Robert
    Draughon, J.P.
A.H. Walker & M.A. Johnson, 9 May 1852. Sol. 9 May 1852,
    J.W. Hunt, J.P.
Abraham Moudy & Priscilla Brazier, 2 June 1852. Sol.
    Herring, J.P.
James C. Craig & Elizabeth Redding, 30 June 1852. Sol.
    1 July 1852, A.B. Soyars, J.P.
W.H. Couts & Lydia A. Moore, 22 June 1852. Sol. 23 June
    1852, David Herring, J.P.
Samel Osburn & Susan I. Knight, 21 June 1852. Sol.
    4 July 1852, J.S. Hollis, J.P.
L.T. Fiser & Martha Stoltz, 24 June 1852. Sol. 27 June
    1852, J. Batys, J.P.
Thomas Nipper & Mary Mathews, 19 June 1852. Sol.
    22 June 1852, L.B. Mathews, J.P.

Page 215
Geo. B. Redding & Flora Jane Chadion, 28 June 1852. Sol.
    Benjamin Rawls.
James W. Kirtly & Martha E. Vaughon, 1 June 1852. Sol.
    James Woodard.
Isaac N. Luster & Annis W. Hart, 24 July 1852. Sol.
    G.B. Mason, J.P.
James Webster & Martha Ann Ayrew, 11 July 1852. Sol.
    J. Crafford, J.P.
Grandison McMurry & Elvin Clark, 12 July 1852. Sol.
    James Sprouse, J.P.
Robert M. Villines & Julia Halcomb, 12 July 1852. Sol.
    13 July 1852, Green Berry Kelly, M.G.
John W. Adams & Sarah C. Crawford, 15 July 1822. Sol.
    18 July 1852, J.M. Gunn, J.P.
Harris Simmonds & Martha I. Felts, 9 Aug. 1852. Sol.
    15 Aug., B.F. Binkley, M.G.

Page 216

Frank Duncan & Agusta Mantlo, 21 Aug. 1852. Sol. David
  Herring, J.P.
James E. Pitman & Margaret Morrison, 17 Aug. 1852. Sol.
  18 Aug. 1852, J. Lawrence, J.P.
William H. Long & Nancy Biggs, 24 Aug. 1852. Sol. 25 Aug.
  1852, Thomas West, M.G.
Sol. Williams & Mary Ann Smith, 7 Aug. 1852. Sol. 8 Aug.
  1852, T.D. Mathews, J.P.
Richd. Porter & Martha J. Wilks, 17 Aug. 1852. Sol.
  David Henry, J.P.
William Johnson & Nancy Vance, 11 Aug. 1852. Sol. D.M.
  Wells, J.P.
William Morris & Eliza Ann Felts, 2 Aug. 1852. Sol.
  5 Aug. 1852, J.W. Hunt, J.P.
Baxter Powell & Manervis Porter, 15 Sept. 1852. Sol.
  David Herring, J.P.

Page 217

James Sherrick & Wilmouth Sellers, 30 Sept. 1852. Sol.
  G.B. Mason, J.P.
William Powell & Sarah Powell, 25 Sept. 1852. Sol.
  26 Sept. 1852, William Thomas Chowing.
George W. Pitt & Caroline Bigbee, 11 Sept. 1852. Sol.
  12 Sept. 1852, J.C. Barbee, J.P.
Jesse Clisson & Martha May, 1 Sept. 1852. Sol. 2 Sept.
  1852, J.M. Wells, J.P.
Henry Barham & Lucy Ann Rust, 8 Sept. 1852. Sol.
  14 Sept. 1852, Thos. W. Ruffin, J.P.
John Meguiar & Elizabeth Pond, 27 Sept. 1852. Sol.
  28 Sept. 1852, Isaac Steel, M.G.
M.V. Dowlan & E.R.H. Williams, 6 Sept. 1852. Sol.
  Benj. Rawls, M.G.
Frances Boyd & Margaret Atkins, 13 Sept. 1852. Sol.
  23 Sept. 1852, Robert Williams M.G.

Page 218

Joseph L. Akin & Emaline Smelser, 4 Sept. 1852. Sol.
  James Woodard.
James K. Polk & Maranda A. Bell, 4 Oct. 1852. Sol.
  6 Oct. 1852, L.H. Gardner, J.P.
John H. Dunn & Mary F. Gunn, 21 Oct. 1852. Sol. F.R.
  Gooch, M.G.
Saml. Byram & Ellen Jane Yates, 19 Oct. 1852. Sol.
  20 Oct. 1852, W.H. Rife, J.P.
W.L. Kimbrough & B.E.P. Terry, 18 Oct. 1852. Sol. 20
  Oct. 1852, R.F. Ferguson.
Eli McMurry & Octovia True, 22 Oct. 1852. Sol. 23 Oct.
  1852, John Crafford.
Geo. L. Harris & Charlott Eubank, 2 Oct. 1852. Sol.
  7 Oct 1852 _____
Aaron T. Bagby & Mary E. Connell, 19 Oct. 1852. Sol. 20
  Oct. 1852, J.M. Stemmons.

ROBERTSON COUNTY MARRIAGES

Page 219
Joseph Fuqua & Susan Binkley, 14 Oct. 1852. Sol.
 B. Rawls, M.G.
Washington Mathews & Martha G. Draughon, 20 Oct. 1852.
 Sol. Benj. Rawls, M.G.
George Jenkins & Samantha Chandler, 29 Oct. 1852. Sol.
 James Woodard.
Jas. L. McGan & M.J. Warford, 29 Nov. 1852. Sol. L.R.
 Dennis, M.G.
Henry J. Watta & Sarah A. Muller, 1 Nov. 1852. Sol. W.S.
 Baldry, M.G.
J.H. Harris & Sarah C. Parker, 5 Nov. 1852. Sol. David
 Henry, J.P.
L.B. Brewer & Sarah West, 29 Nov. 1852. Sol. 1 Dec. 1852,
 Thomas West, M.G.
Henry J. Bell & Sarah J. Mayes, 11 Nov. 1852. Sol.
 12 Nov. 1852, John Crafford, J.P.

Page 220
Thomas Stroder & A.E. Derryberry, 4 Nov. 1852. Sol.
 James Woodard, J.P.
James H. Elliott & Martha C. Butts, 14 Dec. 1852. Sol.
 D. Herring, J.P.
N.W. Holland & E.P. Evans, 1 Dec. 1852. Sol. 2 Dec. 1852,
 J.C. Barbee, J.P.
John H. Rawls & Mary J. Hinkle, 22 Dec. 1852. Sol.
 H.L. Burney, M.G.
David Chandler & S.S. Simmons, 20 Dec. 1852. Sol.
 Wm. Thomas Chowning, J.P.
George H. Garret & Nancy L. Johnson, 16 Dec. 1852. Sol.
 Thos. N. Langford, M.G.
E.H. Gardner & Catherine Head, 20 Dec. 1852. Sol. 22
 Dec. 1852, J. Lawrance, J.P.
John Ayres & F.O.A. Fry, 22 Dec. 1852. Sol. F.R. Gooch,
 M.G.

Page 221
William Solomon & Elizabeth Morris, 22 Dec. 1852. Sol.
 23 Dec. 1852, Robt. Draughon, J.P.
Elvis Benson & Sarah Bigbee, 25 Dec. 1852. Sol. 25 Dec.
 1852, J.C. Barbee, J.P.
William F. Whiteside & M.D. Hammond, 20 Dec. 1852. Sol.
 L.R. Dennis, M.G.
Robert Pince & Susan Noe (Nolen?), 30 Dec. 1852. Sol.
 J.C. Barbee, J.P.
George W. Maxey & Martha A. Nicholson, 7 Dec. 1852. Sol.
 9 Dec. 1852, W.W. Williams, J.P.
F.M. Newton & A.P. Change, 25 Dec. 1852. No Return.
R.N. Drake & Elizabeth G. Ross, 8 Dec. 1852. Sol. J.M.
 Noels, M.G.
William Ward & Permila Allen, 6 Dec. 1852. Sol. James
 Woodard.

Page 222

Obediah Chandler & Rebecca A. Crabtree, 6 Jan. 1853.
Sol. Wm. Thomas Chowning, J.P.

William S. Simmons & Milly Doss, 8 Jan. 1853. Sol.
Isaac Steel

John W. Ferguson & Martha W. Persise, 9 Jan. 1853. Sol.
L.R. Dennis

Joseph Cobb & Eliza A. Jernigan, 13 Jan. 1853. Sol. D.M.
Wells, J.P.

D.S.W. Minns & Elizabeth Rose, 13 Jan. 1853. Sol. J.W.
Mimms.

George G. Carter & M.A. Martin, 18 Jan. 1853. Sol.
Thos. Martin, M.G.

James W. Sherron & Lucy Barnes, 20 Jan. 1853. Sol. J.W.
Featherston

Rich. Benton & Nancy Binkley, 20 Jan. 1853. Sol. Robert
Draughon, J.P.

Page 223

R.P. Dozier & Martha Holland, 26 Jan. 1853. Sol.
27 Jan. 1853, John Gammon, M.G.

John F. Mansker & Martha P. Kiger, 27 Jan. 1853. Sol.
Benj. Rawls, M.G.

Reubin C. Wright & Mary West, 31 Jan. 1853. Sol.
1 Feb. 1853, Thomas West, M.G.

Harvey Troughber & Martha Ann Davis, 7 Feb. 1853. Sol.
Jas. Woodard, J.P.

William A. Cook & Susan M. Gorham, 2 Feb. 1853. Sol.
3 Feb. 1853, David Henry, J.P.

William T. Peck & Mary E. Ellis, 7 Feb. 1853. Sol.
10 Feb. 1853, Milton Ramey, M.G.

James H. Crafford & Martha I. Wallace, 8 Feb. 1853. Sol.
J. Sprouse, J.P.

R.G. Glover & Martha E. Fountain, 9 Feb. 1853. Sol.
10 Feb. 1853, Benjamin Rawls.

Page 224

William H. Rose & Susan Roberts, 10 Feb. 1853. Sol.
J.M. Gunn, J.P.

Danl. Kiger & Jane Cannon, 15 Feb. 1853. Sol. J.S.
Hollis, J.P.

W.H. Night & Mary Benton, 16 Feb. 1853. Sol. Benjamin
Rawls, M.G.

James A. House & Polly Moore, 16 July 1853. Sol.
17 Feb. 1853, T.W. Felts.

James S. Williams & Maria L. Northington, 21 Feb. 1853.
Sol. 23 Feb. 1853, Robert Williams, M.G.

Reubin Farthing & Lucy A. Adams, 2 March 1853. Sol.
3 March 1853, E.W. Gunn.

John F. Adames & Mary Baggett, 2 March 1853. Sol. James
Sprouse, J.P.

Norfleet Pool & Tempty Clark, 11 March 1853. Sol.
16 March 1853, L.R. Dennis, M.G.

Page 225

D.L. Johnston & Elizabeth C. Long, 12 March 1853. Sol.
17 March 1853, L.H. Gardner, J.P.

Chest. Halloway & Elizabeth Ann Adams, 21 March 1853.
Sol. 22 March 1853, E.W. Gunn, M.G.

John W. Starke & Margaret Powell, 24 March 1853. Sol.
David Herring, J.P.

William W. Gordon & Mary Ann Chapman, 24 March 1853. Sol.
31 March 1853, J.C. Barbee, J.P.

Milton Green & Mariah T. Davis, 27 March 1853. Sol.
31 March 1853, W.W. Pepper, Judge of the 7th Circuit of
Tennessee.

Alsey Babb & Susan McIntosh, 31 March 1853. Sol. Isaac
Steele.

Thomas H. Warren & Eliza E. Rigsbee, 2 April 1853. Sol.
10 April 1853, Daniel Mullory, J.P.

Alexander Norris & Clirinda Chambers, 5 April 1853. Sol.
Robert Williams, J.P.

Page 226

John F. England & Susan I. Tucker, 7 April 1853. Sol.
James Sprouse, J.P.

James Vaughon & Matilda Broderick, 9 April 1853. Sol.
J. Lawrence, J.P.

Spencer H. Page & Mary Jane Pince, 9 April 1853. Sol.
12 April 1853, J.C. Barbee, J.P.

W.A. Pinson & Charity E. Wallace, April 1853. Sol.
10 April 1853, John Crafford, J.P.

Thomas Woodard & Eliza I. Ryan, 13 April 1853. Sol.
David Henry, J.P.

Franklin Stark & Martha Pitt, 14 April 1853. Sol. David
Henry, J.P.

Benjamin Suddoth & Nancy Starks, 24 April 1853. Sol.
Jas. Woodard, J.P.

Page 227

Thomas Crowder & Martha Brandon, 28 April 1853. Sol

Robert T. Farley & Zelica V. Gossett, 30 April 1853.
Sol. 3 May 1853, L.R. Dennis, M.G.

William F. Benton & Nancy E. Willson, 13 May 1853. Sol.
15 May 1853, W.D. Baldwin, V.D.M.

John Webb & Amanda Ervin, 6 May 1853. Sol. 18 May 1853,
James Sprouse, J.P.

Isiah Glover & Mary A.E. Douglass, 23 May 1853. Sol.
26 May 1853, Robert Williams, J.P.

James W. Villines & Lydia K. Strother, 27 May 1853. Sol.
29 May 1853, W.H. Rife, J.P.

Jackson Phipps & Angeline Holmes, 30 May 1853. Sol.
31 May 1853, John Crafford, J.P.

Page 228

John F. Lawrence & Harriet Dunn, 4 June 1853. Sol.
5 June 1853, T.H. Gardner, J.P.

Asa Harper & Lydia M. Zeck, 10 June 1853. Sol. 11 June
1853, John Crafford, J.P.
Josiah Turner & Eliza Godard, 13 June 1853. Sol. I.
Lawrence, J.P.
M.B. Pitman & Mary K. Morrison, 15 June 1853. Sol. I.
Lawrence, J.P.
W.H. Willis & Martha W. Simmons, 30 June 1853. Sol.
Isaac Steel
Elisha Hollins & Susan E. Villines, 8 July 1853. Sol.
13 July 1853, W.P. Hickman, M.G.
Hiram Bell & Julia Craffprd, 11 July 1853. Sol. W.D.
Baldwin, V.D.M.
David F. Sharp & Nancy A. Dunn, 11 July 1853. Sol.
Robert Draughon, J.P.

Page 229
John W. Woodard & Mary J. Dycus, 14 Feb. 1853. Sol.
J.W. Featherston, M.G.
Joseph Broderick & Amanda Escue, 16 July 1853. Sol.
17 July 1853, David Henry, J.P.
Robert H. Murphy & Ann E. Braden, 18 July 1853. Sol.
L.R. Dennis, M.G.
Francis C. Criswell & George Ann Thomas, 26 July 1853.
Sol. J.M. Gunn, J.P.
Benjamin A. Anderson & Sarah J. Porter, 28 July 1853.
Sol. 30 July 1853, Benjamin Rawls, M.G.
G.W. Dorris & Nancy Clayton, 28 July 1853. Sol. _____
John H. Benton & Martha Ann Willson, 2 Aug. 1853. Sol.
4 Aug. 1853, Peter Hinkle, Esq.
William Escue & Susan Warren, 5 Aug. 1853. Sol. 7 Aug.
1853, David Henry, J.P.

Page 230
John E. Phelps & Lucinda Ury, 7 Aug. 1853. Sol. Isaac
Steele.
William W. Felts & Martha J. Hunt, 9 Aug. 1853. Sol.
11 Aug. 1853, Robert Williams, J.P.
P.E. Herndon & S.I. Venable, 15 Aug. 1853. Sol. W.W.
Pepper, Judge
D.C. Herndon & Bettie A. Butler, 15 Aug. 1853. Sol. W.W.
Pepper, Judge
Richard VanHook & Cynthia Payne, 18 Aug. 1853. Sol.
19 Aug. 1853, T.H. Gardner, J.P.
William R. Vick & Margaret A. Grayson, 19 Aug. 1853.
Sol. 21 Aug. 1853, J.C. Barbee, J.P.
John Holland & Pricilla Jackson, 20 Aug. 1853. Sol.
23 Aug. 1853, W.L. Baldry, M.G.
D.C. Blackburn & Emily C. Jackson, 31 Aug. 1853. Sol.
F.C. Plaster, Paster of Red River Church.

Page 231
James M. Rawls & A.A. Parker, 4 Sept. 1853. Sol. Thomas
Martin.
James Ryan & Martha Stone, 15 Sept. 1853. Sol. 11 Sept.
1853, W.L. Chowning, J.P.

Burrel Featherston & Sophia Hart, 10 Sept. 1853. Sol.
11 Sept. 1853, James Woodard, J.P.
Thomas R. Wright & Susan Ham, 12 Sept. 1853. Sol.
13 Sept. 1853, John H. Gammon, M.G.
E.W. Hammond & Susan Clark, 17 Sept. 1853. Sol. David
Henry, J.P.
Alfred Winset & Louisa Farmer, 22 Sept. 1853. Sol. J.
Lawrence, J.P.
Robert G. Cook & Mary J. England, 23 Sept. 1853. Sol.
W.L. Chowning, J.P.
R.A. Poor & E.A. Barbee, 26 Sept. 1853. Sol. 27 Sept
1853, E.W. Gunn, M.G.

Page 232
J.H. Huglett & Susan Payne, 1 Oct. 1853. Sol. 4 Oct.
1853, Thos. West, M.G.
R.L. Mathews & Tennessee White, 1 Oct. 1853. Sol.
2 Nov. 1853, Robert Draughon, J.P.
Saml. Page & Louisa Pankey, 4 Oct. 1853. Sol. J.H.
Gammon, M.G.
Henry Minoue & Sarah Long, 9 Oct. 1853. Sol. John M.
Billingsly, M.G.
Joseph J. Edwards & Sarah Frances Morgan, 7 Oct. 1853.
Sol. Jo Lawrence, J.P.
E.P. Warren & C. Ann White, 13 Oct. 1853. Sol. John K.
Woodson, M.G.
William E. Willis & Emaline Keller, 13 Oct. 1853. Sol.
Jo Lawrence, J.P.

Page 233
Geor. R. Head & J.F. Moore, 21 Oct. 1853. Sol. Jo
Lawrence, J.P.
G.N. Baugh & M.V. Booker, 21 Oct. 1853. Sol. James
Woodard, J.P.
James Cooper & W.E. Touman, 22 Oct. 1853. Sol. 24 Oct.
1853, G.B. Mason, J.P.
Saml. J. Lett & Eliza Traughber, 26 Oct. 1853. Sol.
28 Oct. 1853, James Woodard, J.P.
W.W. Maguire & Mary A. Chisum, 26 Oct. 1853. Sol.
27 Oct. 1853, M. Hodge, M.G.
W.L. Smith & R.E. Ruffin, 29 Oct. 1853. Sol. 30 Oct 1853,
Robt. Draughon, J.P.
D. Ashabranah & E.R. Williams, 27 Oct. 1853. Sol. 28
Oct. 1853, Jas. Woodard, J.P.
David Fisher & Mary Flood, 2 Nov. 1853. Sol. 3 Nov. 1853,
J.C. Barbee, J.P.

Page 234
Joel Adcock & Fanny Shoecraft, 9 Nov. 1853. Sol. James
Anderson, J.P.
W.B. Langston & S.C. Donaldson, 10 Nov. 1853. Sol.
15 Nov. 1853, Thos. J. Fort, J.P.
William Night & Mary Shelton, 10 Nov. 1853. Sol. Peter
Hinkle, J.P.

Isaac W. Rust & Elizabeth Dillard, 10 Nov. 1853. Sol.
H. C. Plaster, M.G.
R. M. C. Holland & Martha A. Wells, 14 Nov. 1853. Sol.
17 Nov. 1853, John H. Gammon, M.G.
E. B. Edison & Susan Browning, 22 Nov. 1853. Sol.
B. Rawls, M.G.
Jesse J. Rawls & Lucinda E. Gooch, 23 Nov. 1853. Sol.
B. Rawls, M.G.
A. W. Eiser & M. A. E. Duke, 23 Nov. 1853. Sol.
27 Nov. 1853, J. B. Walton.

Page 235
Thomas Woodard & Minerva J. Perry, 23 Nov. 1853. Sol.
24 Nov. 1853, R. Green, J.P.
William Dorris & W. M. Blackburn, 26 Nov. 1853. Sol.
27 Nov. 1853, J. C. Barbee, J.P.
John Garrett & Mary Jane Crafton, 29 Nov. 1853. Sol.
Francis Johnston.
W. W. Garrett & Margaret H. Johnson, 29 Nov. 1853.
Sol. B. M. Stephens.
Jeremiah Pitt & Peruissa Holman, 29 Nov. 1853. Sol.
1 Dec. 1853, David Henry, J.P.
William L. Mathews & S. A. M. Murphy, 30 Nov. 1853.
Sol. 1 Dec. 1853, L. B. Mathews, J.P.
Thomas B. Harris & Sarah A. Woodruff, 5 Dec. 1853.
Sol. B. Rawls, M.G.
Robert P. Wilson & H. P. Sprouse, 7 Dec. 1853. Sol.
David Henry, J.P.

Page 236
William Ledbetter & M. W. Elliott, 12 Dec. 1853. Sol.
14 Dec. 1853, Robert Williams, J.P.
James J. Dorris & Sarah Watson, 12 Dec. 1853. Sol.
13 Dec. 1853, W. D. Baldwin, V.D.M.
B. N. Swan & N. M. Brewer, 15 Dec. 1853. Sol.
W. H. Rife, J.P.
W. H. Ashbrand & Amanda Traughber, 18 Dec. 1853. Sol.
Jas. Woodard, J.P.
John G. Benton & Martha Murphy, 18 Dec. 1853. Sol.
F. R. Gooch, M.G.
James W. Harris & Martha Follis, 18 Dec. 1853. Sol.
A. Ros, M.G.
Richd. L. Smith & Lucy Ann Young, 19 Dec. 1853. Sol.
Thos. Bottomley, M.G.
James B. Babb & Caroline Wilson, 19 Dec. 1853. Sol.
W. H. Rife, J.P.

Page 237
W. H. Wilson & Susan P. Wilson, 21 Dec. 1853. Sol.
B. W. Bradley, J.P.
James B. Smelser & Elizabeth P. Holman, 21 Dec. 1853.
Sol. 22 Dec. 1853, Robert Green, J.P.
William J. Chandler & Nancy J. Pepper, 22 Dec. 1853.
Sol. David Henry, J.P.

Robert F. Warren & H. A. A. Tennison, 22 Dec. 1853.
Sol. G. Tenison, M.G.
W. A. Smith & Mary J. Wilkerson, 23 Dec. 1853. Sol.
David Herring, J.P.
John K. Johnson & Martha Johnson, 24 Dec. 1853. Sol.
L. B. Marhews, J.P.
F. M. Woodard & Catherine Woodard, 24 Dec. 1853. Sol.
25 Dec. 1853, David Henry, J.P.
Richd. Powell & Susan Benton, 24 Dec. 1853. Sol.
John Crafford, J.P.

Page 238
William Traughber & Elizabeth Cook, 26 Dec. 1853. Sol.
Jas. Woodard, J.P.
Isaac Barr & Elvina Cook, 27 Dec. 1853. Sol. 29 Dec.
1853, O. H. Morrow, M.G.
John G. Harrison & E. S. Freland, 30 Dec. 1853. Sol.
F. L. Plaster, M.G.
G. B. Clayton & Olive Smith, 31 Dec. 1853. Sol. 1 Jan.
1854, J. C. Barbee, J.P.
J. C. Winters & Susan P. Hawkins, 2 Jan. 1854. Sol.
18 Jan. 1854, P. H. Fraser, B.E.
James C. Holmes & Elizabeth Bradley, 2 Jan. 1854. Sol.
4 Jan. 1854, Robert Williams, J.P.
S. Wilson & A. McMurry, 4 Jan. 1854. Sol. 6 Jan. 1854,
W. D. Baldwin, V.D.M.
William Duncan & D. Powell, 7 Jan. 1854. Sol. 8 Jan.
1854, David Herring, J.P.

Page 239
J. E. Pride & Gracy J. Moore, 7 Jan. 1854. Sol.
J. Lawrence, J.P.
James Vantress & Julia Glover, 9 Jan. 1854. Sol.
10 Jan. 1854, Robert Williams, J.P.
R. A. Mart & F. S. Atkinson, 11 Jan. 1854. Sol.
Dec. 1854
W. F. Cunningham & Mary J. Baldry, 12 Jan. 1854. Sol.
W. L. Baldry, M.G.
David Featherston & Susan Crafford, 13 Jan. 1854.
Sol. David Herring, J.P.
Morgan Shephard & Eliza Dillard, 14 Jan. 1854. Sol.
J. Lawrence, J.P.
T. W. Honeycut & Emily W. Edison, 16 Jan. 1854. Sol.
John Crafford, J.P.
Saml. Slack & Sally Shurron, 17 Jan. 1854. Sol.
19 Jan. 1854, G. B. Walton.

Page 240
J. W. Crockett & Harriet Rawls, 21 Jan. 1854. Sol.
22 Jan. 1854, Robert Draughton, J.P.
Geo. Murphy & Susan Porter, 21 Jan. 1854. Sol. 22 Jan.
1854, Robt. Draughon, J.P.
John Ledbetter & Nancy Powell, 30 Jan. 1854. Sol.
31 Jan. 1854, Robert Williams, J.P.

Quincy Adams Ely & M. J. Douglas, 28 Feb. 1854. Sol.
James Anderson, J.P.
W. A. Watson & Lourina Stovall, 1 Feb. 1854. Sol.
G. B. Mason, J.P.
Joseph J. Forbes & Martha Gent, 7 Feb. 1854. Sol.
9 Feb. 1854, B. F. Binkley, M.G.
R. G. Bell & E. M. Gunn, 7 Feb. 1854. Sol. 8 Feb.
1854, F. R. Gooch, M.G.
James H. Long & Mary Ann Darden, 9 Feb. 1854. Sol.
8 Feb. 1854, F. R. Gooch, M.G.

Page 241
W. W. Fry & Martha Ann Morris, 11 Feb. 1854. Sol.
J. B. Walton.
Charles Reasons & Sarah E. F. Pitman, 28 Feb. 1854.
Sol. J. Lawrence, J.P.
James Crafton & Mary Caudle, 24 Feb. 1854. Sol.
28 Feb. 1854, W. M. C. Barr, J.P.
John B. Herndon, Sr. & Eliza Q. Athison, 21 Feb. 1854.
Sol. F. C. Paster.
David Hyde & Genetta Ray, 20 Feb. 1854. Sol. 21 Feb.
1854, B. F. Binkley, M.G.
R. S. Demunbro & Sarah L. Binkley, 20 Feb. 1854. Sol.
25 Feb. 1854, B. F. Binkley, M.G.
Jackson V. Holland & Olevia Robertson, 20 Feb. 1854.
Sol. 23 Feb. 1854, Jesse H. Gammon, M.G.
John R. Bridges & Sally A. David, 14 Feb. 1854. Sol.
16 Feb. 1854, B. M. Stephens, M.G.

Page 242
Marion Magee & Nancy A. Woodard, 2 March 1854. Sol.
F. R. Gooch, M.G.
John L. Felts & Elizabeth Reed, 3 March 1854. Sol.
9 March 1854, F. R. Gooch, M.G.
Jos. Haynes & Mary Ann Murphy, 11 March 1854. Sol.
12 March 1854, F. R. Gooch, M.G.
Kelly Shannon & Luiosa Lucas, 13 March 1854. Sol.
M. T. Chowning, J.P.
John Graves & Mar____ Harris, 24 March 1854. Sol.
25 March 1854, W. D. Baldwin, V.D.M.
Alex Robertson & Elizabeth H. Jones, 23 March 1854.
Sol. 28 March 1854, F. R. Gooch, M.G.
Joshua I. Jones & A. P. Newton, 16 March 1854. Sol.
F. R. Gooch, M.G.
John Elmore & Elizabeth Jones, 23 March 1854. Sol.
James Sprouse, J.P.

Page 243
John A. Bough & M. I. Blanchard, 2 April 1854. Sol.
James Woodard, J.P.
Henry Kiger & Alineda E. Rawls, 4 April 1854. Sol.
5 April 1854, J. D. Hollis, J.P.
Robt. B. Murrah & Mary Morgan, 11 April 1854. Sol.
Jas. Woodard, J.P.

ROBERTSON COUNTY MARRIAGES

Hartwell Allen & Eliza Payne, 29 April 1854. Sol.
J. H. Gammon.
Saml. B. Brown & Ann I Baird, 11 April 1854. Sol.
Isaac Steel.
Lemuel Pepper & E. W. Glover, 25 April 1854. Sol.
W. D. Baldwin, M.V.D.
W. P. Adkins & Rebecca M. Morrison, 21 April 1854.
Sol. 23 April 1854, W. R. Saddler, J.P.
W. F. Pride & B. I. Mason, 12 April 1854. Sol.
13 April 1854, F. R. Gooch, M.G.

Page 244
James W. Parkinson & Catherine Spayne, 15 April 1854.
Sol. Jesse B. White, J.P.
James Moon & Elizabeth Bennett, 8 May 1854. Sol.
11 May 1854, F. C. Blaster.
Levi Smith & M. A. Polk, 15 May. Sol. 17 May 1854,
Robt. Williams, M.G.
Saml. Riley & Elizabeth Smiley, 15 May 1854. Sol.
John Crafford.
Arch. Blackburn & Martha Jordan, 17 May 1854. Sol.
Jas. Woodard, J.P.
Jasper N. Clark & Clara E. Baggett, 17 May 1854. Sol.
18 May 1854, James Cook, J.P.
Thomas E. Morris & Elizabeth Mathews, 17 May 1854.
Sol. 18 May 1854, F. R. Gooch, M.G.
Harry Westen & Jane Sams, 21 May 1854. No return.

Page 245
Thomas Walker & Delila Harris, 24 May 1854. Sol.
25 May 1854, W. W. Williams, J.P.
Ramsey Wrights & Mary House, 31 May 1854. Sol.
2 June 1854, W. M. C. Barr, J.P.
Willie L. Draughon & C. L. Clark, 11 June 1854. Sol.
B. Rawls, M.G.
Isaac L. Winters & Martha M. Clark, 12 June 1854. Sol.
22 June 1854, B. W. Bradley, J.P.
George Rigsbee & Elemore Phibbs, 3 July 1854. Sol.
4 July 1854, A. Rose, J.P.
Thomas Nipper & Martha A. N. Mathews, 4 July 1854.
Sol. T. B. Mathews, J.P.
Allen Jones & Adaline Porter, 5 July 1854. Sol.
6 July 1854, A. Rose, J.P.
Isaac C. Dorris & Pricilla Choat, 15 July. Sol.
16 July 1854, J. R. Gunn, J.P.

Page 246
S. S. Covington & Eveline E. McMillon, 15 July 1854.
Sol. 16 July 1854, W. T. Chowning, J.P.
James R. David & Eliza Hughlett, 17 July 1854. Sol.
20 July 1854, Benjamin Gambell, J.P.
James N. Winters & Julia M. Crutcher, 17 July 1854.
Sol. 30 July 1854, Jesse B. White, J.P.
Richard Murphy & Mary A. E. Elliott, 27 July 1854.
Sol. Robert Williams, J.P.

75

James C. Stone & Susan McCarley, 2 Aug. 1854. Sol.
3 Aug. 1854, J. W. T. Chowning, J.P.
John Sellers & Elizabeth Newton, 10 Aug. 1854. Sol.
F. R. Gooch, M.G.
Silvester F. Webb & Judian I. Boiswell, 15 Aug. 1854.
Sol. 17 Aug. 1854, Robert Ferguson, M.G.
Z. A. Bradford & Mary Harris, 17 Aug. 1854. Sol.
20 Aug. 1854, A. I. Brights, J.P.

Page 247
Eli Jones & Arena C. Gorham, 23 Aug. 1854. Sol.
24 Aug. 1854, David Henry, J.P.
Henry P. Murrah & Mary Ann Felts, 25 Aug. 1854. Sol.
30 Aug. 1854, Robert Williams, J.P.
C. W. Crawford & Elvira R. Anglin, 26 Aug. 1854. Sol.
27 Aug. 1854, John K. Woodard, M.G.
Green B. Wright & Ellen C. Berry, 26 Aug. 1854. Sol.
29 Aug. 1854, W. M. C. Barr, J.P.
Miles T. Barughon & Loretta Solomon, 26 Aug. 1854.
Sol. 27 Aug. 1854, G. Benton, J.P.
James H. Nimmo & Frances Huglett, 4 Sep. 1854. Sol.
6 Sep. 1854, Benjamin Gambill, J.P.
Toliver Hughlett & Milly Murry, 4 Sep. 1854. Sol.
6 Sep. 1854, Benjamin Gambill, J.P.
Robert G. Wilson & Nancy A. H. Adams, 8 Sep. 1854.
Sol. Jas. Woodard, J.P.

Page 248
Andrew J. Cook & Eva J. Burchett, 9 Sep. 1854. Sol.
10 Sep. 1854, David Henry, J.P.
William Gatewood & Elizabeth S. Hunt, 9 Sep. 1854.
Sol. 13 Sep. 1854, L. C. Bryan, M.G.
William Holt & E. A. Marshall, 11 Sep. 1854. Sol.
14 Sep. 1854, Elisha Luter, M.G.
Kinchen Woodard & America N. Fry, 14 Sep. 1854. Sol.
J. B. White, J.P.
B. P. Aull & Sarah E. Atkinson, 15 Sep. 1854.
No return.
Wesley M. Jernigan & Harriet Berry, 20 Sep. 1854.
Sol. 21 Sep. 1854, Thomas West, M.G.
William Watson & Jane Stratton, 29 Sep. 1854. Sol.
1 Oct. 1854, G. B. Masom, J.P.
J. E. Ruffin & Sarah E. E. Batts, 30 Sep. 1854. Sol.
7 Oct. 1854, W. S. Adams, J.P.

Page 249
George R. Link & Amanda Williams, 6 Oct. 1854. Sol.
Daniel Mulloy, J.P.
James Traughber & Caroline Drane, 6 Oct. 1854. Sol.
Isaac Steel.
D. A. Archey & Louisa S. Allen, 10 Oct. 1854. Sol.
16 Oct. 1854, Robert Williams, M.G.
John MacKafee & Mary Anderson, 16 Oct. 1854. Sol.
17 Oct. 1854, John Crafford, J.P.

ROBERTSON COUNTY MARRIAGES

Henry Heysmight & Nancy Adams, 17 Oct. 1854. Sol.
19 Oct. 1854, G. B. Mason, J.P.
James W. Glover & Angeline Bracy, 21 Oct. 1854. Sol.
27 Oct. 1854, Robert Williams, J.P.
C. H. Browning & Amanda Porter, 30 Oct. 1854. Sol.
David Henry, J.P.
Coleman Boyd & Eliza Ann Sayles, 30 Oct. 1854. Sol.
31 Oct. 1854, G. B. Mason, J.P.

Page 250
James Mayes & Margaret Adams, 1 Nov. 1854. Sol.
John Crafford, J.P.
Charles Campbell & Janes Edwards, 4 Nov. 1854. Sol.
5 Nov. 1854, Jesse B. White, J.P.
Samuel Durham & Nancy M. Winters, 6 Nov. 1854. Sol.
9 Nov. 1854, B. W. Bradley, J.P.
James Spain & Mary Ann Reeder, 14 Nov. 1854. Sol.
16 Nov. 1854, J. T. Craig, J.P.
Stokley Cook & Amanda Lucas, 17 Nov. 1854. Sol.
19 Nov. 1854, David Henry, J.P.
James L. David & Lettia M. Thomas, 25 Nov. 1854. Sol.
26 Nov. 1854, W. W. Pepper, Judge & c
James M. Newland & Mary Ann Dickerson, 28 Nov. 1854.
Sol. 30 Dec. 1854, Robert Williams, J.P.
Albert Rogers & Angeline Blackburn, 30 Nov. 1854. Sol.
1 Dec. 1854, Benjamin Gambell, J.P.

Page 251
J. I. Clark & Frances Winters, 30 Nov. 1854. Sol.
5 Dec. 1854, B. W. Bradley, J.P.
Saml. P. Markham & Susan R. Hardaway, 2 Dec. 1854.
Sol. 21 Dec. 1854, Saml. D. Ogburn.
James R. Mason & Clemantine Danks, 4 Dec. 1854. Sol.
James Woodard.
James W. Pike & Moriah A. Parker, 7 Dec. 1854. Sol.
J. S. Hollis, J.P.
Robert F. P. Trimble & Nancy B. Ashoranah, 8 Dec. 1854.
Sol. Benjamin Gambill, J.P.
J. M. Slack & Lucretia Basford, 11 Dec. 1854. Sol.
14 Dec. 1854, J. B. Walton.
D. C. Hockersmith & Virginia L. Darden, 13 Dec. 1854.
Sol. 14 Dec. 1854, Samuel D. Ogburn, M.G.
Isaac Fraser & Mary I. Fraser, 15 Dec. 1854. Sol.
21 Dec. 1854, William L. Baldry, M.G.

Page 252
P. A. Williams & Martha Williams, 15 Dec. 1854. Sol.
B. W. Bradley, J.P.
Richard Shannon & Ann E. Chamberlain, 16 Dec. 1854.
Sol. John F. Hughes.
Andrew D. Walton & Mary E. Norfleet, 18 Dec. 1854.
Sol. 19 Dec. 1854, L. H. Gardner, J.P.
Paterick Moore & Mary Ann Bennett, 18 Dec. 1854. Sol.
20 Dec. 1854, F. C. Plaster.

77

James H. Mallory & E. A. Wimberly, 19 Dec. 1854. Sol.
20 Dec. 1854, F. C. Plaster.
Elijah Warren & Frances England, 20 Dec. 1854. Sol.
21 Dec. 1854, James Cook, J.P.
Saml. Conway & Rachel C. Green, 21 Dec. 1854. Sol.
Samuel D. Ogburn.
William H. Edwards & Manervia Ann Frey, 22 Dec. 1854.
Sol. 24 Dec. 1854, G. B. Mason, J.P.

Page 253
James B. Pitt & Mary Ann Cook, 23 Dec. 1854. Sol.
25 Dec. 1854, Benjamin Gambill, J.P.
Alexander Robertson & Zerilda E. Frey, 26 Dec. 1854.
Sol. 27 Dec. 1854, F. R. Gooch, M.G.
Simeon Clinard & Julia Parker, 26 Dec. 1854. Sol.
B. Rawls, M.G.
William D. Rust & Synthia A. Hysmitn, 27 Dec. 1854.
Sol. 4 Jan. 1855, G. R. Mason.
Thomas W. Taylor & Sarah West, 28 Dec. 1854. Sol.
Thomas West, M.G.
E. L. Durrett & Medora Clark, 29 Dec. 1854. Sol.
31 Dec. 1854, C. B. Davis, M.G.
Washington Walton & Mary Pitt, 29 Dec. 1854. Sol.
31 Dec. 1854, David Henry, J.P.
Christopher Manlove & Sarah A. I. Haraway, 30 Dec. 1854.
Sol. C. Benton, J.P.

Page 254
John Phipps & Elizabeth Williams, 1 Jan. 1855. Sol.
7 Jan 1855, John Crafford, J.P.
William Hensle & Sarah E. Fisher, 1 Jan 1855. Sol.
4 Jan. 1855, David Henry, J.P.
R. S. Henry & Sarah E. Purtle, 1 Jan. 1855. Sol.
S. D. Ogburn.
James E. Worsham & Louisa Cobb, 1 Jan 1855. Sol.
W. H. Hynnes.
Chesterfield G. Rust & Mary E. M. Smith, 1 Jan. 1855.
Sol. C. Farthing, J.P.
William P. Wynn & Sarah I. Fry, 1 Jan. 1855. Sol.
F. R. Gooch, M.G.
James Robertson & Evaline Burrus, 5 Jan. 1855. Sol.
Robert Williams, J.P.
W. I. Walker & Virginia F. Williams, 6 Jan. 1855.
Sol. 18 Jan. 1855, W. I. Cooleu, M.G.

Page 255
William H. Riggan & Martha I. Jernigan, 9 Jan. 1855.
Sol. 10 Jan., C. B. Davis, M.G.
John K. Brinkley & Lucy E. Ellison, 10 Jan. 1855.
Sol. 18 Jan. 1855, C. F. Lucas, J.P.
Wm. I. Grigsby & Nancy L. Gooch, 11 Jan. 1855. Sol.
F. R. Gooch, M.G.
Thos. Jefferson McMurry & Louisa Frey, 11 Jan. 1855.
Sol. W. H. Chowning, J.P.

Dempsey House & Margert Edwards, 13 Jan. 1855. Sol.
14 Jan. 1855, G. W. Featherston, M.G.
G. H. M. Gampton & Susan C. Jones, 17 Jan. 1855. Sol.
18 Jan. 1855, David Henry, J.P.
W. C. Smith & Fannie E. Howard, 22 Jan. 1855. Sol.
23 Jan. 1855, G. R. Gunn, J.P.
L. S. Randolph & Lucretia Nicholson, 23 Jan. 1855.
Sol. 1 Feb. 1855, W. W. Williams, J.P.

Page 256
A. I. Wynn & Martha A. Wynn, 31 Jan. 1855. Sol.
1 Feb. 1855, W. S. Baldry, M.G.
Joseph Rawls & Margaret Fuqua, 5 Feb. 1855, Sol.
Benjamin Rawls, M.G.
Janes S. Dunn & Sophia G. Couts, 5 Feb. 1855. Sol.
7 Feb. 1855, F. C. Plaster.
William Durham & Pricilla Murphy, 6 Feb. 1855. Sol.
9 Feb. 1855, B. W. Bradley, J.P.
Walter I. Price & Adeline Henderson, 8 Feb. 1855. Sol.
F. R. Gooch, M.G.
J. A. Eckles & G. P. Hockersmith, 9 Feb. 1855. Sol.
11 Feb. 1855, Saml. D. Ogburn, M.G.
W. B. Jones & Hulda A. Binkley, 10 Feb. 1855. Sol.
Thos. Martin, M.G.
Henry Maxey & Mary Ann Wilson, 10 Feb. 1855. Sol.
15 Feb. 1855, W. W. Williams, J.P.

Page 257
William D. White & Mary R. Briggs, 12 Feb. 1855. Sol.
12 Feb. 1855, J. M. Copeland, J.P.
W. H. C. Murphy & Martha A. Morgan, 13 Feb. 1855. Sol.
14 Feb. 1855, Robert Williams, J.P.
James M. Conner & Ellen F. Crawford, 13 Feb. 1855.
Sol. 15 Feb. 1855, F. C. Plaster, Minister of Baptist
Church.
John C. Murphy & Mary England, 14 Feb. 1855. Sol.
15 Feb. 1855, James Cook, J.P.
Frederick A. Mayes & Mary Ward, 17 Feb. 1855. Sol.
18 Feb., F. R. Gooch, M.G.
Andrew F. Price & Mary E. Page, 24 Feb. 1855. Sol.
C. B. Mason, J.P.
W. I. Benton & Angeline Binkley, 28 Feb. 1855. Sol.
G. Benson, J.P.
James C. Vick & Dorcus P. Dunn, 2 March 1855. Sol.
Sam. D. Ogburn, M.G.

Page 258
M. T. Robertson & Martha Stone, 3 March 1855. Sol.
10 March 1855, F. R. Gooch, M.G.
W. T. Smith & Caroline Sherrod, 3 March 1855. Sol.
4 March 1855, B. B. Batts, J.P.
Thos. I. Jones & Emily F. Huskey, 3 March 1855. Sol.
6 March 1855, A. M. Greer, J.P.
Byram Brakfield & Martha Harris, 5 March 1855. Sol.
6 March 1855, W. S. Baldry, M.G.

B. W. Edwards & Narcissa Edwards, 9 March 1855. Sol.
    10 March 1855, G. R. Gunn, J.P.
William Thompson & Caroline Dorris, 9 March 1855. Sol.
    A. Rose, J.P.
W. I. Dunn & Louisa Stolts, 17 March 1855. Sol.
    18 March 1855, J. Byrns, J.P.
M. L. Kellebrew & V. E. Laprade, 2 April 1855. Sol.
    27 April 1855, F. C. Plaster.

Page 259
William Armstrong & Rebecca Chapman, 3 April 1855. Sol.
    6 April 1855, Benjamin Gambell, J.P.
E. R. Mosley & Mary E. Weldon, 5 April 1855. Sol.
    S. D. Ogburn, M.G.
William Swift & Susan Robins, 11 April 1855. Sol.
    12 April 1855, Kno. Crafford, J.P.
Orville Harrison & Mary Stainback, 16 April 1855. Sol.
    17 April 1855, John Crafford, J.P.
John Davidson & Martha Barnett, 28 April 1855. Sol.
    Jas. Woodard.
Samuel S. Freland & Emily I. Barham, 25 May 1855. Sol.
    27 May 1855, W. R. Saddler, J.P.
George W. Adams & Ann Holland, 19 May 1855. Sol.
    20 May 1855, T. H. Gardner, J.P.
Levi Wells & Amanda Page, 7 May 1855. Sol. 8 May 1855,
    G. B. Mason, J.P.

Page 260
I. N. Brewer & Priscilla E. George, 9 June 1855. Sol.
    Benj. Gambill, J.P.
Barnet Guill & Mahala D. Crothran, 18 June 1855. Sol.
    21 June 1855, G. F. Lucas, J.P.
William Stratton & Mary J. Burchett, 18 June 1855. Sol.
    19 June 1855, G. B. Mason, J.P.
Benjamin Gambill & Catherine M. George, 18 June 1855.
    Sol. C. B. Mason.
George R. Randolph & Leah A. Moore, 21 June 1855.
    Sol. 24 June 1855, I. M. Copeland, J.P.
John W. Stark & Mary Ann Powell, 30 June 1855. Sol.
    1 July 1855, I. B. White, J. P.
John Morris & Amanda Krisle, 30 June 1855. Sol.
    1 July 1855, John Woodard, J.P.
John M. Frey & Mary H. Bradley, 2 July 1855. Sol.
    4 July 1855, Robert Williams, J.P.
M. D. W. Batts & Arrena Dunn, 7 July 1855. Sol.
    15 July 1855, W. S. Adams, J.P.

Page 261
Benjamin Bagby & Martha Woodson, 12 July 1855. Sol.
    July 1855, W. R. Sadler, J.P.
W. S. Barnes & Nancy Douglas (could be Draughon ?),
    17 July 1855. Sol. W. S. Adams, J.P.
Jesse Warner & Nancy E. Bennett, 24 July 1855. Sol.
    2 Aug. 1855, F. C. Plaster, M.G.

W. A. Dorris & Airy Phipps, 28 July 1855. Sol.
29 July 1855, John Crafford, J.P.
C. N. England & Mahaley E. Payne, 31 July 1855. Sol.
James Cook, J.P.
Silas L. Stanfield & Amelia F. Nuckolds, 2 Aug. 1855.
Sol. Benjamin Rawls, M.G.
Benjamin F. Reek & Emily C. Cook, 2 Aug. 1855. Sol.
Benj. Rawls, M.G.
John L. C. Adams & Mary A. E. Binkley, 3 Aug. 1855.
Sol. 6 Aug. 1855, A. Rose, M.G.
Francis M. Page & Roberta H. Bagley, 4 Aug. 1855.
Sol. 5 Aug. 1855, Jno. Gammon.

Page 262
G. A. Gambill & Milley C. Brewer, 6 Aug. 1855. Sol.
Thomas W. Felts.
W. H. Menees & Sallie A. Menees, 9 Aug. 1855. Sol.
F. R. Gooch, M.G.
Daniel Campbell & Harriet L. Doyle, 16 Aug. 1855. Sol.
A. Rose, J.P.
Elijah Willis & Mary Simmons, 22 Aug. 1855. Sol.
23 Aug. 1855, G. W. Featherstone, V.D.M.
W. I. Felts & Louisa Herrington, 24 Aug. 1855. Sol.
26 Aug. 1855, I. T. Craig, J.P.
John Reed & Martha E. James, 29 Aug. 1855. Sol.
F. R. Gooch, M.G.
William L. King & Harriet E. Waggoner, 29 Aug. 1855.
Sol. Jesse B. White, J.P.
George A. King & Mary E. Krisle, 1 Sep. 1855. Sol.
2 Sep. 1855, Isaac Steel, M.G.
John A. Porter & Malvine C. Wolf, 4 Sep. 1855. Sol.
Saml. D. Ogburn, M.G.

Page 263
Jesse Shuman & Burchet Maxey, 4 Sep. 1855. Sol.
6 Sep. 1855, W. W. Williams.
A. F. Barry & Mary E. Jones, 5 Sep. 1855. Sol.
6 Sep. 1855, G. M. Featherstone, V.D.M.
Williams C. Binkley & Nancy Ann Pool, 8 Sep. 1855.
Sol. 9 Sep. 1855, J. T. Craig, J.P.
George W. Magee & Bedy A. Mangrund, 8 Sep. 1855.
Sol. 9 Sep. 1855, G. B. Mason, J.P.
W. L. Mason & Lareny Batts, 14 Sep. 1855. Sol.
16 Sep. 1855, G. R. Gunn, J.P.
L. H. Huffman & Alice J. Strickland, 27 Sep. 1855.
Sol. G. R. Gunn, J.P.
Robert V. Draughon & Nancy Ann Cohea, 29 Sep. 1855.
Sol. 30 Sep. 1855, Jesse B. White, J.P.
W. J. Cooley & Martha W. Batts, 3 Oct. 1855. Sol.
4 Oct. 1855, F. R. Gooch, M.G.
Robert Bagby & Mary E. Mimms, 9 Oct. 1855. Sol.
John H. Gammon, M.G.

Page 264
Leroy Henry & Rebecca Moon, 15 Oct. 1855. Sol.
   18 Oct. 1855, W. S. Baldry, M.G.
W. K. Berry & Sophia Payne, 15 Oct. 1855. Sol.
   17 Oct. 1855, G. W. Featherston, M.G.
Barnet D. Hulsey & Matilda Crassline, 19 Oct. 1855.
   Sol. 20 Oct. 1855, J. Crawford, J.P.
Thomas W. Murphy & Louisa P. Adams, 21 Oct. 1855.
   Sol. T. B. Mathews, J.P.
James M. Sale & Catherine D. Fort, 30 Oct. 1855. Sol.
   31 Oct. 1855, F. C. Plaster.
William Cummings & Mary Powell, 1 Nov. 1855. Sol.
   J. Batts, J.P.
William Clinard & Catherine A. Parker, 1 Nov. 1855.
   Sol. J. S. Hollis, J.P.
Jacob Harcrider & Rachel Maxey, 1 Nov. 1855. Sol.
   J. W. Cullum, M.G.
William E. Felts & Huldy Homes, 5 Nov. 1855. Sol.
   11 Nov. 1855, A. Rose, M.G.

Page 265
Meredith P. Yates & Elizabeth Cannon, 11 Nov. 1855.
   Sol. 12 Nov. 1855, J. M. Copeland, J.P.
Martin Frey & Urcilla Dowlen, 21 Nov. 1855. Sol.
   22 Nov. 1855, Robert Williams, J.P.
Zachariah W. Winters & Mary V. Whitehead, 25 Nov. 1855.
   Sol. Robert Williams, J.P.
Hyram Jones & Sarah Seat, 27 Nov. 1855. Sol.
   W. S. Adams, J.P.
W. B. Farmer & Eliza S. Justice, 27 Dec. 1855. Sol.
   T. J. Craig, J.P.
A. H. Nicholson & Lucy Ann Walker, 3 Dec. 1855. Sol.
   7 Dec. 1855, W. W. Williams, J.P.
Roland Warren & Susan Porter, 6 Dec. 1855. Sol.
   H. G. Lucas.
Willie T. Farmer & Jane Dillard, 7 Dec. 1855. Sol.
   F. R. Gooch, M.G.
L. Lewis & Mary F. Murrah, 8 Dec. 1855. Sol.
   12 Dec. 1855, Jas. Woodard.
Thos. D. Woldrom & Louisa Megaire, 10 Dec. 1855.
   Sol. Isaac Steel.
Larkin Vaught & Mary Ann Darham, 10 Dec. 1855. Sol.
   11 Dec. 1855, Benjamin Gambill.
Amos B. Marshall & Eliza Jane Shreeve, 19th Dec. 1855.
   Sol. 23 Dec. 1855, F. R. Gooch, M.G.
Richard D. Taylor & Rachel Bozworth, 19 Dec. 1855.
   Sol. W. W. Pepper, Judge & C.
W. J. Winn & Elizabeth Mason, 20 Dec. 1855. Sol.
   23 Dec. 1855, W. S. Baldry, M.G.
A. J. Akin & Martha J. Bagby, 21 Dec. 1855. Sol.
   23 Dec. 1855, G. B. Mason, J.P.
Washington Yates & Matilda Link, 22 Dec. 1855. Sol.
   G. B. Kelly, M.G.
Thomas Holland & Elizabeth W. Stark, 24 Dec. 1855.
   Sol. 26 Dec. 1855, G. B. Mason, J.P.

ROBERTSON COUNTY MARRIAGES

Page 267

G. R. Shepherd & Mary E. Crunk, 25 Dec. 1855. Sol.
27 Dec. 1855, J. W. Cullum, M.G.
Frederick Moulton & Caroline Jackson, 27 Dec. 1855.
Sol. John Burns, J.P.
W. H. Balthrop & M. J. Harris, 28 Dec. 1855. Sol.
1 Jan. 1856, Robert Williams, J.P.
James J. Lutton & Madora Armstrong, 29 Dec. 1855.
Sol. 30 Dec. 1855, W. T. Chowning, J.P.
Joseph Traughber & Harriet Brakfield, 29 Dec. 1855.
Sol. Jno. W. Smith, J.P.
Thos. W. Sory & Pricilla Batts, 29 Dec. 1855. Sol.
W. S. Adams, J.P.
Joseph Brakfield & Mary K. Chapman, 31 Dec. 1855.
Sol. 1 Jan 1856, John W. Smith, J. P.
C. D. Jamison & Sophrina Roberts, 1 Jan. 1856. Sol.
L. J. Neely, M.G.

Page 268

Jerome Danley & Susan Edwards, 3 Jan. 1856. Sol.
G. Benton, J.P.
Henry Shoemaker & Elizabeth Lawrason, 8 Jan. 1856.
Sol. 10 Jan. 1856, Jno. H. Gammon, M.G.
F. B. Epps & E. B. Persise, 9 Jan. 1856, Sol.
J. W. Cullum, M.G.
Meredith Powell & Nancy H. Fiser, 10 Jan. 1856. Sol.
J. W. Cullum, M.G.
John A. Gunn & M. A. E. Bigbee, 22 Jan. 1856. Sol.
Jas. Woodard, J.P.
John Coffman & Moody Ann Sullivan, 11 Jan. 1856. Sol.
G. B. Mason, J.P.
Isaac Barry & Susan Allen, 28 Jan. 1856. Sol.
24 March 1856, R. H. Harrison, J.P.
John Sayles & Mary Campbell, 30 Jan. 1856. Sol.
Isaac Steel.

Page 269

Richard B. Rose & Catherine A. Frey, 4 Feb. 1856.
Sol. 5 Feb. 1856, G. Benton, J.P.
James M. Henkle & Catherine W. Swift, 5 Feb. 1856.
Sol. 7 Feb. 1856, John Crawford, J.P.
Ephriam M. Dannington & Rebecca E. Wrights, 15 Feb. 1856.
Sol. 19 Feb. 1856, Thomas West, M.G.
George J. Rigsbee & Elizabeth F. Riddle, 16 Feb. 1856.
Sol. 18 Feb. 1856, R. H. Harrison, J.P.
James C. Moss & Nancy Fisher, 19 Feb. 1856. Sol.
20 Feb. 1856, W. T. Chowning, J.P.
James M. Johnson & Missouri Barry, 23 Feb. 1856. Sol.
26 Feb. 1856, W. T. Chowning, J.P.
John McDonald & Elizabeth Faullin, 27 Feb. 1856. Sol.
28 Feb. 1856, Geo. W. Featherston, M.G.
Carroll Poor & Sarah H. Barbee, 3 March 1856. Sol.
4 March 1856, W. S. Baldry, M.G.

Page 270
Knight Curd & Mary Couts, 11 March 1856. Sol.
J. W. Cullum, M.G.
James Grass & Milley Whitner, 12 March 1856. Sol.
J. W. Cullum, M.G.
Jackson Gossett & Mary Blackburn, 13 March 1856. Sol.
W. M. C. Barr, J.P.
Alexander G. Adams & Mary Hollis, 19 March 1856. Sol.
J. W. Smith, J.P.
Jacob B. Winger & Catherine Abbott, 19 March 1856.
Sol. 20 March 1856, J. W. Cullum, M.G.
Philander D. Bradley & Margaret E. Wright, 22 March 1856.
Sol. 24 March 1856, R. H. Harrison, J.P.
J. L. Townsend & Florence Farmer, 26 March 1856. Sol.
Benjamin Gambill, J.P.
John B. Yates & Virginia Cannon, 6 April 1856. Sol.
7 April 1856, J. M. Copland, J.P.

Page 271
E. P. Benton & Lucy Ann Porter, 7 April 1856. Sol.
8 April 1856, J. W. Cullum, M.G.
William P. Simmons & Elizabeth D. I. Lucas, 16 April
1856. Sol. 21 April 1856, James Cook, J.P.
Lewis O. White & Martha Swift, 21 April 1856. Sol.
23 April 1856, John Crawdord, J.P.
Joseph Gunn & Elizabeth F. Barnes, 21 April 1856. Sol.
21 April 1856, J. W. Featherston.
George A. Smith & Elvira Pitt, 21 April 1856. Sol.
22 April 1856, E. W. Gunn, M.G.
William Biggs & Rebecca Ann Crafton, 22 April 1856.
Sol. 23 April 1856, W. M. C. Barr, J.P.
Wesley S. Dorris & Eliza Jane Freeland, 22 April 1856.
Sol. 24 April 1856, H. L. Covington, J.P.
William P. Traughber & Susan Brannon, 1 May 1856.
Sol. Benj. Gambill, J.P.

Page 272
J. B. Cole & Jennetta Corner, 3 May 1856. Sol.
4 May 1856, E. W. Gunn, M.G.
Hiram G. Grainger & Rose Ann Anderson, 7 May 1856.
Sol. L. J. Fort, J.P.
John L. Williams & Margaret J. Luter, 5 May 1856.
Sol. 8 May 1856, H. L. Covington, J.P.
Saml. D. Fryer & Mary Binkley, 7 May 1856. Sol.
8 May 1856, J. S. Hollis, J.P.
Joseph W. Barham & Harriet N. Gatewood, 24 May 1856.
Sol. 25 May 1856, W. R. Sadler, J.P.
Simeon Rippy & Elizabeth Philips, 7 June 1856. Sol.
8 June 1856, R. H. Harrison, J.P.
William Moore & Martha A. Lowe, 12 June 1856. Sol.
J. W. Cullum, M.G.
J. W. Huddleston & Mary F. Cannon, 18 June 1856.
Sol. Jesse B. White, J.P.

Page 273

J. M. Pinson & Mary A. Powell, 19 June 1856. Sol.
A. Rose, J.P.

William P. Warren & Nancy A. C. Redding, 21 June 1856.
Sol. 22 June 1856, J. F. England, M.G.

William Choat & Elizabeth Doyal, 24 June, 1856.
Sol. 26 June 1856, A. Rose, J.P.

James Head & Amanda Murphy, 24 June 1856. Sol.
25 June 1856, Isaac Carter, M.G.

William Latimer & Mary A. E. Moss, 28 June 1856.
Sol. 3 July 1856, Wm. Thomas Chowning, J.P.

Carroll Haly & Martha Rose, 3 July 1856. Sol.
Jas. Woodard.

Obadiah Ethridge & Marsha Leake, 4 July 1856. Sol.
5 July 1856, R. H. Harrison, J.P.

James F. Hurt & Nancy W. Jones, 9 July 1856. Sol.
10 July 1856, G. W. Featherston, M.G.

Page 274

W. H. Riggins & Phebe Summerville, 15 July 1856. Sol.
R. H. Harrison, J.P.

James Swift & Amanda E. Hampton, 23 July 1856. Sol.
24 July 1856, John Crawford, J.P.

Calvin Jones & Martha J. Davidson, 25 July 1856. Sol.
27 July 1856, James Cook, J.P.

Stephen T. Jones & Nancy J. Warren, 26 July 1856.
Sol. 27 July 1856, John Crawford, J.P.

William Whiten & Emaline J. Thompson , 26 July 1856.
Sol. 27 July 1856, A. Rose, J.P.

William T. Ferguson & Mary E. Gish, 5 Aug. 1856. Sol.
J. W. Cullum, M.G.

G.W.Philps & Catherine M. McFarland, 5 Aug. 1856.
Sol. 6 Aug. 1856, Isaac Steel, M.G.

Thomas Barry & Harriet Allen, 8 Aug. 1856. Sol.
10 Aug. 1856, Thomas West, M.G.

Page 275

N. J. Hardy & Elizabeth Holland, 9 Aug. 1856. Sol.
10 Aug. 1856, G. R. Gunn, J.P.

Martin G. Benson & Nancy Williamson, 16 Aug. 1856.
Sol. 17 Aug. 1856, J. W. Cullum, M.G.

Geo. W. Randolph & Parile Walton, 27 Aug. 1856. Sol.
28 Aug. 1856, G. R. Gunn, J.P.

Robert W. Thompson & Rhoda Ann Lowry, 30 Aug. 1856.
Sol. 31 Aug. 1856, G. B. Mason, J.P.

Richard Leonard & Elizabeth Vaught, 1 Sep. 1856.
Sol. 2 Sep. 1856, Benjamin Gambill, J.P.

Saml. Osburn & Sarah Clinard, 6 Sep. 1856. Sol.
7 Sep. 1856, J. S. Hollis, J.P.

Calvin J. Mehaffy & Julia A. Pike, 6 Sep. 1856. Sol.
11 Sep. 1856, A. Rose, J.P.

Hardy W. Glisson & Susan Huddleston, 10 Sep. 1856.
Sol. C. Farthing, J.P.

Page 276
Byard B. Murphy & Mary F. E. Mayes, 11 Sep. 1856.
   Sol. J. W. Cullum, M.G.
Josiah Toler & Maranda W. Toler, 13 Sep. 1856. Sol.
   14 Sep. 1856, G. Benton, J.P.
Wesley W. Watts & Martha E. Felts, 15 Sep. 1856. Sol.
   18 Sep. 1856, Robert Williams, J.P.
J. B. Pitman & Elizabeth G. Gibson, 15 Sep. 1856.
   Sol. 16 Sep. 1856, F. R. Gooch, M.G.
R. C. Nipper & Amanda Solomon, 15 Sep. 1856. Sol.
   16 Sep. 1856, G. Benton, J.P.
H. V. Harrison & Virginia C. Batts, 16 Sep. 1856.
   Sol. J. W. Cullum, M.G.
Saml. Gray & Martha McFarland, 17 Sep. 1856. Sol.
   H. H. Orndoff, J.P.
David S. Rawls & Nancy Anderson, 18 Sep. 1856. Sol.
   J. T. Craig, J.P.
E. R. Owen & Rosabelle Q. Warner, 18 Sep. 1856. Sol.
   J. W. Cullum, M.G.

Page 277
Thos. Husky & Mary Adams, 20 Sep. 1856. Sol.
   21 Sep. 1856, John Burns, J.P.
Alexander Cohea & Adeline Draughon, 20 Sep. 1856.
   Sol. G. Benton, J.P.
James A. Clinard & Sarah Street, 22 Sep. 1856. Sol.
   J. T. Craig, J.P.
R. H. Izer & Sarah F. Mathews, 24 Sep. 1856. Sol.
   24 Sep. 1856, H. L. Burney, M.G.
James M. Ramey & Deliha A. Arnold, 25 Sep. 1856.
   Sol. Thomas West, M.G.
W. L. Bracy & Elizabeth J. Felts, 27 Sep. 1856.
   Sol. George W. Martin, M.G.
Charles E. Rawls & Sarah E. Hunkle, 29 Sep. 1856.
   Sol. 30 Sep. 1856, L. J. Craig, J.P.
William Martin & Dicy A. Smith, 1 Nov. 1856. Sol.
   G. Benton, J.P.
M. W. Harrington & Susan D. Felts, 3 Oct. 1856.
   Sol. 4 Oct. 1856, Benjamin Rawls, M.G.

Page 278
Thos. L. West & Maranda R. Vanhook, 4 Oct. 1856.
   Sol. 5 Oct. 1856, A. M. Greer, J.P.
William Cole & Angeline Irvin, 8 Oct. 1856. Sol.
   9 Oct. 1856, John Crawford, J.P.
William Grow & Amanda E. Trimble, 9 Oct. 1856. Sol.
   12 Oct. 1856, Benjamin Gambill, J.P.
W. W. Connell & M. C. Goodman, 13 Oct. 1856. Sol.
   19 Oct. 1856, W. R. Sadler, J.P.
James H. Chamberlain & Abiah Hawkins, 13 Oct. 1856.
   Sol. Jesse B. White, J.P.
B. W. Dickerson & Ann E. Russell, 15 Oct. 1856. Sol.
   John W. Smith, J.P.
R. S. Smith & Mary J. Lett, 15 Oct. 1856. Sol.
   John W. Smith, J.P.

Pleasant Cook & Lucy Ann Tate, 21 Oct. 1856. Sol.
  G. M. Featherston, M.G.
James Culbeeston & S. J. Fryer, 22 Oct. 1856. Sol.
  J. B. White, J.P.

Page 279
Henry Traughber & Roena Elliott, 23 Oct. 1856. Sol.
  25 Oct. 1856, J. W. Smith, J.P.
Noah Walker & Elizabeth S. Williams, 23 Oct. 1856.
  Sol. G. W. Martin, M.G.
James P. Murphy & Martha M. King, 28 Oct. 1856. Sol.
  B. Rawls, M.G.
Henderson H. Conway & Rebecca E. Neil, 4 Nov. 1856.
  Sol. F. C. Plaster, M.G.
Josphua W. Tune & Martha M. Bell, 4 Nov. 1856. Sol.
  6 Nov. 1856, L. B. Davidson, M.G.
Lemuel I. Winfield & F. E. Chowning, 5 Nov. 1856.
  Sol. James Cook, J.P.
David W. Corbitt & Louisa A. Withers, 6 Nov. 1856.
  Sol. J. W. Cullum, M.G.
William J. Jacobs & Mary J. Rawls, 14 Nov. 1856.
  Sol. 13 Nov. 1856, Benjamin Rawls, M.G.
Edward Wilks & Josephine Merritt, 12 Nov. 1856. Sol.
  15 Nov. 1856, H. L. Covington, J.P.

Page 280
William Stark & Winnery Covington, 12 Nov. 1856.
  Sol. 13 Nov. 1856, H. L. Covington, J.P.
John V. Walker & Catherine Woodard, 13 Nov. 1856.
  Sol. H. H. Orndorf, J.P.
George S. Rogers & Sarah S. E. Bowls, 13 Nov. 1856.
  Sol. Thomas West, M.G.
Leroy Roe & Edmy F. Rogers, 13 Nov. 1856. Sol.
  H. H. Orndorf, J.P.
J. S. Atkins & Lucy Stout, 16 Nov. 1856. Sol.
  17 Dec. 1856, T. H. Gardner, J.P.
W. J. Holt & L. C. Watson, 19 Nov. 1856. Sol.
  J. W. Cullum, M.G.
Wm. Williams & Nancy E. Capps, 19 Nov. 1856. Sol.
  20 Nov. 1856, H. L. Covington, J.P.
John Bailey & E. A. Johnson, 22 Nov. 1856. Sol.
  23 Nov. 1856, R. H. Harrison, J.P.

Page 281
John Halpin & Mary Bain, 22 Nov. 1856. Sol.
  H. H. Orndorf, J.P.
Larkin Bradford & Narcissa Foot, 24 Nov. 1856. Sol.
  25 Nov. 1856, G. R. Gunn, J.P.
L. W. Love & Sarah Taylor, 28 Nov. 1856. Sol.
  J. W. Cullum, M.G.
Robert A. Smith & Margaret M. Homes, 24 Dec. 1856.
  Sol. George H. Smith, M.G.
Jonathan Loyd & Mary Wilson, 1 Dec. 1856. Sol.
  2 Dec. 1856, J. B. Sandford, J.P.

J. A. W. Jackson & Susan W. Ellis, 1 Dec. 1856.
Sol. 2 Dec. 1856, J. W. Cullum, M.G.
J. R. Dunn & Emma E. Menees, 1 Dec. 1856. Sol.
4 Dec. 1856, John A. Jones.
George B. Sory & Mary Farmer, 3 Dec. 1856. Sol.
4 Dec. 1856, W. S. Adams, J.P.

Page 282
George B. Benton & Ann Pope, 4 Dec. 1856. Sol.
4 Dec. 1856, J. W. Cullum, M.G.
James H. Whitfield & Sallie I. Boune, 8 Dec. 1856.
Sol. 10 Dec. 1856.
J. T. Mathews & Catherine Black, 11 Dec. 1856.
Sol. F. R. Gooch, M.G.
George W. Murphy & Martha F. Elliott, 15 Dec. 1856.
Sol. 17 Dec. 1856, T. H. Gardner, J.P.
Wesley Cavitt & Sarah Horton, 17 Dec. 1856. Sol.
18 Dec. 1856, R. H. Harrison.

Page 283
F. M. Luter & Margaret Jane Ellis, 18 Dec. 1856.
Sol. J. W. Cullum, M.G.
B. N. Hale & Soan Binkley, 18 Dec. 1856. Sol.
H. H. Orndorff, J.P.
Jacob Crabtree & Mary Jane Briley, 20 Dec. 1856.
Sol. 21 Dec. 1856, James Cook, J.P.
Smith McCormick & Rose Ann Traughber, 20 Dec. 1856.
Sol. Benjamin Gambill, J.P.
William L. Tounsend & Mary A. Chastine, 22 Dec. 1856.
Sol. 23 Dec. 1856, J. C. Plaster, M.G.
William J. Stanley & Nancy Fryer, 23 Dec. 1856.
Sol. J. A. Jones.
James Maguire & Sallie M. Couts, 23 Dec. 1856. Sol.
Isaac Steel, M.G.
David Payne & Mary Ann Wright, 29 Dec. 1856. Sol.
1 Jan. 1857, Thomas West, M.G.
Richard Traughber & Elizabeth Campbell, 29 Dec. 1856.
Sol. 30 Dec. 1856, Benjamin Gambill, J.P.
Silas C. Sharp & Amanda E. Troughber, 29 Dec. 1856.
Sol. 30 Dec. 1856, Benjamin Gambill, J.P.
James Crabtree & Mary A. Chandler, 30 Dec. 1856.
Sol. James Cook, J.P.

Page 284
Alfred Traughber & Lucinda J. Smelser, 31 Dec. 1856.
Sol. 1 Jan 1857, Jas. Woodard.
James M. Morris & Ann Eliza King, 3 Jan. 1857. Sol.
4 Jan. 1857, A. Rose, J.P.
G. R. Millekin & Martha A. M. Cockran, 5 Jan. 1857.
Sol. 6 Jan. 1857, J. T. Craig, J.P.
James C. Dotson & Mary F. Grimes, 5 Jan. 1857.
Sol. 5 Feb. 1857, H. H. Orndorff, J.P.
S. W. Dalton & Sarah J. Mason, 6 Jan. 1857. Sol.
7 Jan. 1857, John W. Smith, J.P.

ROBERTSON COUNTY MARRIAGES

John W. Chilton & Martha L. Burgess, 10 Jan. 1857.
Sol. B. B. Batts, J.P.
Albert Burgess & Eliza Chilton, 12 Jan. 1857. Sol.
11 Jan. 1857, B. B. Batts, J.P.
L. R. Border & Mary Edwards, 12 Jan. 1857. Sol.
20 Jan. 1857, F. C. Plaster.

Page 285
William Chandler & Matilda J. Crabtree, 13 Jan. 1857.
Sol. James Cook, J.P.
John L. Tomberlin & Martha J. Tomerlin, 14 Jan. 1857.
Sol. _____.
Pleasant B. Roberts & Artimissa McIntosh, 15 Jan. 1857.
Sol. J. W. Cullum, M.G.
T. W. Jernigan & Josephine Roney, 17 Jan. 1857.
Sol. 22 Jan. 1857, H. L. Covington, J.P.
Wm. E. Jernigan & Mary J. Baird, 20 Jan. 1857.
Sol. 22 Jan. 1857, W. T. Chowning, J.P.
John W. Gambill & Amanda E. Brewer, 23 Jan. 1757.
Sol. 29 Jan. 1857, G. W. Featherston.
Alexander W. Byram & Melissa Williams, 24 Jan. 1857.
Sol. 25 Jan. 1857, Isaac Steel, M.G.
John L. Almon & Nancy Appleton, 26 Jan. 1857. Sol.
John H. Gammon, M.G.

Page 286
Burrell W. Baggett & Martha S. Shannon, 27 Jan. 1857.
Sol. 28 Jan. 1857, James Cook, J.P.
W. W. Gill & M. E. Bailey, 28 Jan. 1857. Sol.
29 Jan. 1857, F. C. Plaster, M.G.
John W. Fuqua & Nancy E. Parker, 31 Jan. 1857. Sol.
1 Feb. 1857, J. T. Craig, J.P.
C. S. Covington & Nancy M. Carr, 2 Feb. 1857. Sol.
3 March 1857, W. T. Chowning, J.P.
William D. Murphy & Martha J. Chandler, 2 Feb. 1857.
Sol. Jas. Cook, J.P.
Samuel Eddy & Susan C. Grayson, 7 Feb. 1857. Sol.
8 Jan 1857, Benjamin Gambill, J.P.
Joseph Pitt & Drucilla J. Jones, 7 Feb. 1857. Sol.
12 Feb. 1857, W. T. Chowning, J.P.
John Stanfield & Tempe Nuckolds, 11 Feb. 1857. Sol.
B. Rawls, M.G.

Page 287
D. W. Travathan & Nancy Porter, 11 Feb. 1857. Sol.
12 Feb. 1857, G. Benton, J.P.
James S. Dunn & Victoria A. Laprade, 13 Feb. 1857.
Sol. 15 Feb. 1857, F. C. Plaster, M.G.
Daniel J. Fraser & Sallie A. Polk, 16 Feb. 1857.
Sol. 17 Feb. 1857, J. B. Walton.
John W. Choat & Cine Simmons, 18 Feb. 1857. Sol.
James Cook, J.P.
William White & Nancy Martin, 25 Feb. 1857. Sol.
26 Feb. 1857, R. H. Harrison, J.P.

ROBERTSON COUNTY MARRIAGES

James M. Mays & Moresty E. Redding, 1 March 1857.
   Sol. 22 March 1857, John F. England, M.G.
John Baldwin & Nancy A. Cannon, 5 March 1857. Sol.
   Jesse B. White, J.P.
William Foreman & Eliza M. Porter, 7 March 1857.
   Sol. 8 March 1857, J. M. Copeland.

Page 288
Nathaniel Megaire & Eliza F. Cordle, 14 March 1857.
   Sol. 19 March 1857, Isaac Steel, M.G.
L. W. McLeland & Meldred V. Watson, 15 March 1857.
   Sol. H. H. Orndorff, J.P.
James S. Wilson & Martha J. Berry, 21 March 1857.
   Sol. Benjamin Gambill, J.P.
L. F. Dillard & Sarah S. Anderson, 23 March 1857.
   Sol. 29 March 1857, Benjamin Gambill, J.P.
Sampson Davis & Saraphine Warren, 2 April 1857.
   Sol. C. Farthing, J.P.
Henry Trice & Elizabeth Thompson, 4 April 1857.
   Sol. 5 April 1857, G. B. Mason, J.P.
Erastus Payne & Louisa Groves, 7 April 1857. Sol.
   Thomas West, M.G.
William Phipps & Alice Payne, 12 April 1857. Sol.
   James Cook, J.P.

Page 289
J. B. Sugg & Eugenie Wimberly, 21 April 1857. Sol.
   23 April 1857, F. C. Plaster, M.G.
Joseph Chapman & Martha V. Gorham, 25 April 1857.
   Sol. 26 April 1857, John W. Smith, J.P.
A. Jackson Lipscomb & Nancy J. Cobb, 5 May 1857.
   Sol. 7 May 1857, Geo. W. Martin.
William B. Young & Frances Gunn, 5 May 1857. Sol.
   6 May 1857, L. B. Davidson, M.G.
Saml. F. Redding & Nancy A. Holemes, 21 May 1857.
   Sol. Geo. W. Martin, M.G.
George L. Ryan & Martha A. W. Burr, 21 May 1857.
   Sol. G. B. Mason, J.P.
Jacob F. Covington & Evaline M. Luter, 30 May 1857.
   No Return.
Rufus E. Farmer & Lucy L. Vaughn, 2 June 1857.
   Sol. 5 June 1857, F. C. Plaster.

Page 290
P. E. Mayheigh (Mayhugh ?) & Sarah Jane Baldridge,
   2 June 1857. Sol. 3 June 1857, H. T. Crighton, J.P.
John W. Grubbs & Malvine P. Ford, 4 June 1857.
   Sol. J. W. Cullum, M.G.
B. W. L. Vaughon & Harriet P. Browder, 6 June 1857.
   Sol. 7 June 1857, E. W. Gunn, M.G.
Peter Hinkle & Nancy Cochran, 9 June 1857. Sol.
   J. S. Hollis, J.P.
A. J. Allensworth & Ellen F. Hughes, 24 June 1857.
   Sol. 25 June 1857, J. W. Cullum, M.G.

Thomas B. Goodrum & Elizabeth E. Turner, 6 July 1857.
Sol. 7 July 1857, L. B. Davis, M.G.
David Jones & Luantha E. Moulton, 11 July 1857.
Sol. 12 July 1857, G. W. Featherston, M.G.
David Woodson & Mary A. Cherer, 16 July 1857. Sol.
J. K. Woodson, M.G.

Page 291
William Johnson & Sarah Henson, 23 July 1857. Sol.
H. H. Orndorff, J.P.
J. Y. Hicks & Mary E. Braden, 28 July 1857. Sol.
29 July 1857, N. F. Gill.
Joseph C. Baker & Semantha J. Whitmore, 1 Aug. 1857.
Sol. 2 Aug. 1857, A. Rose, J.P.
Marshal D. Wellhelm & Sarah C. Williams, 2 Aug. 1857.
Sol. J. W. Cullum, M.G.
Eli Orndorff & Elizabeth A. Ryan, 6 Aug. 1857. Sol.
J. W. Cullum, M.G.
Lewis Keith & Elizabeth Cummings, 10 Aug. 1857.
Sol. 12 Aug. 1857, W. M. C. Barr, J.P.
G. L. Bartlett & Mary A. Glover, 12 Aug. 1857. Sol.
14 Aug. 1857, H. H. Orndorff, J.P.
John H. Binkley & Sarah A. Martin, 17 Aug. 1857.
Sol. C. T. Craig, J.P.

Page 292
Robert Yates & Sarah Pope, 19 Aug. 1857. Sol.
20 Aug. 1857, Greenberry Kelly, M.G.
R. L. A. Bardry & Mary Ann Fuqua, 27 Aug. 1857.
Sol. W. S. Baldry, M.G.
Gideon J. Morris & Martha E. Bartlett, 29 Aug. 1857.
Sol. 30 Aug. 1857, F. R. Gooch, M.G.
Jasper England & Amanda Savage, 30 Aug. 1857.
Sol. James Cook, J.P.
Cheatham Dozier & Virginia F. Starke, 1 Sep. 1857.
Sol. H. H. Orndorff, J.P.
Thomas C. Edison & Nancy Powell, 2 Sep. 1857.
Sol. 3 Sep. 1857, A. Rose, J.P.
Jesse Hinkle & Icevilla Choat, 3 Sep. 1857. Sol.
A. Rose, J.P.
Marcus Briley & Nancy A. Toliver, 5 Sep. 1857. Sol.
6 Sep. 1857, M. L. Covington, J.P.

Page 293
M. F. Marberry & Mary E. Gorham, 7 Sep. 1857. Sol.
J. W. Cullum, M.G.
William W. Taylor & M. P. Holman, 8 Sep. 1857. Sol.
10 Sep. 1857, G. B. Mason, J.P.
Sanford G. M. Jackson & Mary A. P. Barnes, 10 Sep. 1857.
Sol. J. W. Featherston.
William Logan & Mary T. Connell, 15 Sep. 1857.
Sol. J. W. Cullum, M.G.
J. M. Winn & P. S. Farmer, 16 Oct. 1857. Sol.
29 Oct. 1857, G. B. Mason, J.P.

Harston Shelton & Margaret Prince, 17 Sep. 1857.
  Sol. John W. Smith, J.P.
John C. Moore & Mary E. Wilks, 21 Sep.. 1857. Sol.
  22 Sep. 1857, J. M. Copland.
David Cross & Rebecca Wilkins, 24 Sep. 1857. Sol.
  G. B. Mason, J.P.

Page 294
J. W. Parker & Mary C. Fuqua, 24 Sep. 1857. Sol.
  J. T. Craig, J.P.
A. W. Burd & Nancy A. Doty, 2 Oct. 1857. Sol.
  H. H. Orndorff, J.P.
F. R. Mason & V. I. Taylor, 5 Oct. 1857. Sol.
  8 Oct. 1857, John W. Smith, J.P.
Leroy Wright & Joice Ponds, 7 Oct. 1857. Sol.
  8 Oct. 1857, W. M. C. Barr, J.P.
Azariah Doss & Rebecca Chapman, 7 Oct. 1857. Sol.
  8 Oct. 1857, G. Kellt, M.G.
W. H. Tompson & M. F. Gordon, 8 Oct. 1857. Sol.
  G. B. Mason, J.P.
James B. Fentress & P. I. Herrington, 8 Oct. 1857.
  Sol. T. I. Craig, J.P.
Benjamin F. Gambill & Molley C. Brewer, 10 Oct. 1857.
  Sol. G. R. Gunn, J.P.

Page 295
J. B. Reeks & S. L. Luter, 10 Oct. 1857. Sol.
  13 Oct. 1857, Jno. M. Nolen, M.G.
Joseph Payne & Matrisa Cole, 10 Oct. 1857. Sol.
  11 Oct. 1857, H. L. Covington.
A. B. Couts & Susan C. Green, 10 Oct. 1857. Sol.
  11 Oct. 1857, Benjamin Rawls, M.G.
James H. Jones & Susan E. Hysmith, 12 Oct. 1857.
  Sol. 15 Oct. 1857, G. B. Mason, J.P.
J. A. Shannon & J. A. Baggett, 13 Oct. 1857. Sol.
  W. T. Chowning, J.P.
R. H. Alley & M. E. Ogg, 13 Oct. 1857. Sol.
  15 Oct. 1857, Robert Williams, M.G.
A. W. West & Emily Ormand, 14 Oct. 1857, Sol.
  15 Oct. 1857, Thomas West, M.G.
J. A. Covington & Mary Grimes, 15 Oct. 1857. Sol.
  18 Oct. 1857, R. Elmore, J.P.

Page 296
Jno. W. Hall & Susan Powell, 20 Oct. 1857. Sol.
  22 Oct. 1857, A. Rose, J.P.
H. W. McIntosh & Rachel E. Keller, 21 Oct. 1857.
  Sol. 22 Oct. 1857, G. B. Mason, J.P.
Robt. F. Glover & Levina Parker, 22 Oct. 1857. Sol.
  J. T. Craig, J.P.
Daniel W. Benton & Susan E. Fryar, 27 Oct. 1857.
  Sol. 1 Nov. 1857, J. T. Craig, J.P.
Chas. A Simmons & Celia Holland, 2 Nov. 1857. Sol.
  12 Nov. 1857, Benjamin Gambill, J.P.

ROBERTSON COUNTY MARRIAGES

Richard Qualls (Quarles ?) & Sarah E. Ogg, 2 Nov. 1857.
   Sol. 10 Nov. 1857, W. S. Adams, J.P.
J. W. Sneed & Amanda F. Farthing, 5 Nov. 1857. Sol.
   G. B. Mason, J.P.
G. S. Keese & Martha C. Murphy, 6 Nov. 1857. Sol.
   10 Nov. 1857, J. B. Walton.

Page 297
James A. Soyars & Martha V. Dowlin, 7 Nov. 1857. Sol.
   12 Nov. 1857, Geo. W. Martin.
B. F. Porter & Agnes L. Benson, 12 Nov. 1857. Sol.
   13 Nov. 1857, Rheuben Elmore, J.P.
M. W. Edwards & Artimissa Jones, 17 Nov. 1857. Sol.
   F. R. Gooch, M.G.
Geo. E. Jones & Mary A. Baldwin, 19 Nov. Sol.
   G. W. Featherston, M.G.
Sugg Fort & Virginia C. Sugg, 21 Nov. 1857. Sol.
   1 Dec. 1857, F. C. Plaster.
L. F. Felts & S. L. Craig, 21 Nov. 1857. Sol.
   Geo. W. Martin, M.G.
R. C. Anderson & Josaphine Holland, 21 Nov. 1857.
   Sol. H. H. Orndorff, J.P.
B. B. R oach & Sarah S. Sherod, 5 Dec. 1857. Sol.
   F. R. Gooch, M.G.

Page 298
James A. Hysmith & N. S. A. Brakfield, 12 Dec. 1857.
   Sol. 13 Dec. 1857, G. B. Mason, J.P.
Newton L. Turner & Martha A. Burton, 14 Dec. 1857.
   Sol. 17 Dec. 1857, L. B. Davidson, M.G.
Jesse Shannon & Martha Mathews, 19 Dec. 1857. Sol.
   20 Dec. 1857, James Cook, J.P.
Danl. C. Hines & Martha J. Young, 9 Dec. 1857. Sol.
   10 Dec. 1857, L. B. Davidson, M.G.
William Crickmore & Nancy Hickman, 19 Dec. 1857.
   Sol. 20 Dec. 1857, Benjamin Gambill, J.P.
Henry P. Rogers & Mary A. Gibson, 22 Dec. 1857. Sol.
   24 Dec. 1857, A. Rose, J.P.
John G. Adams & Penine Rose, 24 Dec. 1857. Sol.
   G. B. Mason, J.P.
John H. Sherod & Frances T. Roach, 24 Dec. 1857. Sol.
   F. R. Gooch, M.G.

Page 299
Lewis H. Chambless & Malinda C. Hollis, 24 Dec. 1857.
   Sol. J. T. Craig, J.P.
Perry Hannum & Lucinda Dunn, 24 Dec. 1857. Sol.
   W. C. Haslip, M.G.
John Mills & Eliza A. Hardaway, 26 Dec. 1857. Sol.
   29 Dec. 1857, J. W. Smith, J.P.
John T. Owen & Lucinda F. Baggett, 30 Dec. 1857.
   Sol. 31 Dec. 1857, James Cook, J.P.
Sebert Holman & J. A. E. Murphy, 31 Dec. 1857. Sol.
   H. H. Orndorff, J.P.

ROBERTSON COUNTY MARRIAGES

William Powell & Louisa Patton, 4 Jan. 1858. Sol.
5 Jan. 1858, H. T. Covington, J.P.
Wilson Krisle & Lucy C. Wallace, 5 Jan. 1858. Sol.
6 Jan. 1858, Reuben Elmore, J.P.
William Hudson & Nancy Gilbert, 7 Jan. 1858. Sol.
8 Jan. 1858, R. H. Harrison, J.P.

Page 300
Robert Sanford & Susan E. Davis, 9 Jan. 1858. Sol.
10 Jan. 1858, John Crawford, J.P.
James E. Eidson & N. Randolph, 10 July 1858. Sol.
11 July 1858, R. H. Harrison.
Saml M. Wade & Mary I. E. Sherrod, 13 Jan. 1858. Sol.
14 Jan. 1858, F. R. Gooch, M.G.
Robert S. Shannon & Argail Durrett, 15 Jan. 1858.
Sol. W. T. Chowning, J.P.
George E. Short & Virginia M. Boisseau, 13 Jan. 1858.
Sol. 14 Jan. 1858, E. W. Coleman, M.G.
Saml Fairfield & Ellen Anderson, 13 Jan. 1858. Sol.
A. Rose, J.P.
Walton Lanson & Nancy A. Warren, 19 Jan. 1858. Sol.
Jno. H. Gammon, M.G.
Nathan Usry & Dicy J. Doyle, 19 Jan. 1858. Sol.
20 Jan. 1858, Reubin Elmore, J.P.

Page 301
George B. Levell & Elizabeth Cheatham, 19 Jan. 1858.
Sol. B. Rawls, M.G.
John T. Wilkerson & Melissa J. Draughon, 27 Jan. 1858.
Sol. 28 Jan. 1858, W. W. Pepper, Judge & C.
Richard B. Madole & Martha A. Conner, 1 Feb. 1858.
Sol. Isaac Steel, M.G.
John W. Woodson & Parilee Binkley, 1 Feb. 1858. Sol.
4 Feb. 1858, Geo. W. Martin, M.G.
William Wood & Manervia J. Baldry, 1 Feb. 1858. Sol.
4 Feb. 1858, Jas. Woodard.
William Phipps & Margaret Heath, 2 Feb. 1858. Sol.
4 Feb. 1858, John F. England, M.G.
W. D. Read & Mary C. Stoltz, 5 Feb. 1858. Sol.
F. R. Gooch, M.G.
William B. Woodruff & Lucy A. Harris, 8 Feb. 1858.
Sol. 11 Feb. 1858, M. W. Winters, J.P.

Page 302
F. M. Welch & Jane Rogers, 8 Feb. 1858. Sol.
14 Feb. 1858, W. M. C. Barr, J.P.
John R. Moore & Susan C. Miller, 10 Feb. 1858. Sol.
11 Feb. 1858, Geo. W. Martin, M.G.
Fielden L. Warren & Jane Cole, 11 Feb. 1858. Sol.
Hiram Warren, J.P.
J. C. Bell & Mary Mileken, 11 Feb. 1858. Sol.
W. C. Haislip, M.G.
Daniel H. Simmons & Eliza Holland, 12 Feb. 1858. Sol.
14 Feb. 1858, John H. Gammon, M.G.

David McMurry & Mary A. Frey, 24 Feb. 1858. Sol.
W. T. Chowning, J.P.
A. W. Sandford & M. F. Gressam, 9 March 1858. Sol.
W. R. Sadler, J.P.
John W. Mason & Terresa B. Patterson, 13 March, 1858.
Sol. 23 March 1858, H. Warren, J.P.

Page 303
James Lipscomb & Virginia Ivey, 15 March 1858. Sol.
16 March 1858, G. B. Mason, J.P.
Jacob House & Elizabeth Jones, 15 March 1858. Sol.
16 March 1858, G. W. Featherston.
John Robins & Margaret Kiger, 3 April 1858. Sol.
6 April 1858, John Crawford, J.P.
Paterick Ford & Mary Scruder, 5 April 1858. Sol.
6 April 1858, R. H. Harrison, J.P.
Saml H. Robins & Martha J. Tucker, 5 April 1858. Sol.
15 April 1858, Jno. Crawford, J.P.
John A. Lamb & Sarah McCance, 6 April 1858. Sol.
8 April 1858, W. R. Dadler, J.P.
Richard Gorham & Winney Farharty, 9 April 1858.
No return.
Alvis Evans & Lucy Ellmore, 15 April 1858. Sol.
18 April 1858, Benjamin Gambill, J.P.

Page 304
James Y. Freeman & Nancy C. Miller, 19 April 1858.
Sol. Geo. W. Martin, M.G.
P. N. Pollock & Mary F. Bugg, 21 April 1858. Sol.
Jas. Woodard.
William C. Murry & Mary Ford, 21 April 1858. Sol.
25 April 1858, John F. England, M.G.
William Ward & Sarah David, 26 April 1858. Sol.
John H. Gammon, V.D.M.
James Travis & Amanda Winsett, 2 May 1858. Sol.
W. S. Adams.
William Kiger & Sarah Swift, 19 May 1858. Sol.
23 May 1858, John Crawford, J.P.
B. S. Chance & Nancy Dycus, 26 May 1858. Sol.
31 May 1858, F. R. Gooch, M.G.
C. B. Russell & M. D. Fort, 27 May 1858. Sol.
28 May 1858, F. C. Plaster, M.G.

Page 305
James Mahaffy & Elizabeth Benton, 4 May 1858. Sol.
5 May 1859, Reubin Elmore, J.P.
John I. Wynn & Elizabeth C. Bennett, 2 June 1858.
Sol. 3 June 1858, M. B. Parson, M.G.
James Webster & Nancy Thompson, 6 June 1858. Sol.
8 June 1858, John Crawford, J.P.
Lafayette Traughber & S. F. Slack, 8 June 1858. Sol.
10 June 1858, Jno. W. Smith, J.P.
Richd. C. Williams & Martha E. Bracy, 20 June 1858.
Sol. 22 June 1858, John Dowlin, J.P.

John McDearman & Mary Smith, 22 June 1858. Sol.
  23 June 1858, F. C. Plaster, M.G.
Thos. I. Wilks & Sarah Ponds, 30 June 1858. Sol.
  2 July 1858, R. H. Harrison, J.P.
Thos. Considine & Hanora Davet, 3 July 1858. Sol.
  5 July 1858, L. Haste, Catholic Priest.

Page 306
David L. S. Sutton & Julia A. Jenkins, 5 July 1855.
  Sol. Jas. Woodard.
James Lovell & Mary A. Barker, 5 July 1858. Sol.
  6 July 1858, G. W. Featherston.
Anderson Jones & Catherine Crossline, 15 July 1857.
  Sol. Jno. Crawford, J.P.
William A. Langston & M. E. Fletcher, 14 July 1858.
  Sol. 15 Sept. 1858, F. R. Gooch, M.G.
Jackson E. Williams & Sarah McCarley, 19 July 1858.
  Sol. 20 July 1858, G. B. Mason, J.P.
N. I. Akin & A. M. Shackelford, 21 July 1858. Sol.
  22 July 1858, James Woodard.
D. Darden & Sarah Culbertson, 22 July 1858. Sol.
  Jesse B. White, J.P.
Mathew W. Cheser & Amanda W. Franklin, 22 July 1858.
  Sol. F. R. Gooch, M.G.

Page 307
John Wilson & Eliza F. Brown, 29 July 1858. Sol.
  Jas Woodard.
Thomas Mayes & Rose Ann Ford, 2 Aug. 1858. Sol.
  6 Aug. 1858, John F. England, M.G.
Stephen A. Jones & Mary K. Henkley, 6 Aug. 1858.
  Sol. 8 Aug. 1858, Benjamin Gambill, J.P.
William Elmore & Nancy J. Jones, 10 Aug. 1858. Sol.
  A. Rose, J.P.
John N. Coffman & Rebecca A. Stark, 12 Aug. 1858.
  Sol. J. Hardaway, J.P.
Thomas Ragsdale & Angeline N. Fisher, 13 Aug. 1858.
  Sol. 29 Aug. 1858, G. W. Featherston.
John L. Soward & Amanda L. Petty, 16 Aug. 1858. Sol.
  G. W. Featherston, Elder.
Benjamin Stark & Z. D. Horton, 17 Aug. 1858. Sol.
  18 Aug., H. L. Covington, J.P., District #11.

Page 308
James A. Howard & Martha E. Drane, 1 Sep. 1858.
  Sol. 4 Sep. 1858, Benjamin Gambill, J.P.
H. C. Draughon & Susan M. Ogg, 5 Sep. 1857. Sol.
  6 Sep. 1857, Jeremiah Batts, J.P.
Dewitt W. Powell & A. J. Scott, 8 Sep. 1858. Sol.
  A. B. Coke, M.G.
Benjamin Majors & K. I. Garland, 17 Sept. 1858. Sol.
  18 Sep. 1858, R. H. Harrison, J.P.
A. Y. Donelson & M. E. Parker, 24 Sep. 1858. Sol.
  28 Sep. 1858, W. L. Caskey, M.G.

ROBERTSON COUNTY MARRIAGES

John H. McFaran & Adaline Odle, 26 Sep. 1858. Sol.
27 Sep. 1858, Isaac Steel
H. D. Hacker & H. E. Coleman, 1 Oct. 1858. Sol.
John P. Campbell, M.G.
James Standley & Mary E. Standley, 11 Oct. 1858.
Sol. 12 Oct. 1858, John F. England, M.G.

Page 309
G. L. Baggett & Amanda M. Dozier, 12 Oct. 1858. Sol.
14 Oct. 1858, G. B. Mason, J.P.
Meredith Stratton & Sarah A. Page, 12 Oct. 1858.
Sol. 14 Oct. 1858, H. Warren, J.P.
John R. Long & Adaline Batts, 13 Oct. 1858. Sol.
14 Oct. 1858, John Byrnes, J.P.
S. B. Preston & Rhoda M. Jernigan, 14 Oct. 1858.
Sol. T. B. Mathews, J.P.
C. C. Brooks & Elizabeth L. Allen, 16 Oct. 1858.
Sol. Jas. Woodard.
W. W. Doss & L. A. Murrah, 20 Oct. 1857. Sol.
23 Oct. 1857, Jas. Woodard.
Phillip Sneed & Mary Ann Elizabeth Taylor, 25 Oct. 1858.
Sol. G. B. Mason, J.P.
Thomas M. Darden & Susan F. Davis, 26 Oct. 1858. Sol.
27 Oct. 1858, J. P. Campbell, M.G.

Page 310
Richard C. Nipper & Susan Jones, 27 Oct. 1858. Sol.
28 Oct. 1858, F. R. Gooch, M.G.
W. R. Barham & N. C. Watts, 22 Oct. 1858. Sol.
24 Oct. 1858, W. R. Sadler, J.P.
James M. Hiett & Roxana Dunnington, 24 Oct. 1858.
Sol. 25 Oct. 1858, R. H. Harrison, J.P.
Clinton M. Barnes & Lucretia Mantello, 28 Oct. 1858.
Sol. A. Rose, J.P.
William J. Pope & Matilda Thomas, 28 Oct. 1858. Sol.
30 Oct. 1858, H. Warren, J.P.
Charles C. Bell & Minerva Henry, 1 Nov. 1858. Sol.
4 Nov. 1858, W. W. Pepper, Judge & C.
John W. Culbertson & Marthy P. Frey, 6 Nov. 1858.
Sol. 7 Nov. 1858, John Crawford, J.P.
James A. Stark & Narcissa Wrights, 12 Nov. 1858.
Sol. 14 Nov. 1858, Thomas West, M.G.

Page 311
James W. Pope & E. Z. Colthrop, 15 Nov. 1858. Sol.
J. Hardaway, J.P.
James D. Shepherd & Elizabeth E. Murphy, 16 Nov. 1858.
Sol. 18 Nov. 1858, W. Hurt.
J. H. Farmer & Sarah C. Adams, 17 Nov. 1858. Sol.
F. R. Gooch, M.G.
Paterick Madden & Bridgett Murphy, 17 Nov. 1858.
Sol. 18 Nov. 1858, L. Host, Catholic Priest.
Westley Brown & Mary Shackelford, 19 Nov. 1858.
Sol. 21 Nov. 1858, Jas. Woodard.

Thomas W. Hughes & Mary A. Mason, 23 Nov. 1858.
  Sol. 25 Nov. 1858, H. Warren, J.P.
Jesse W. Jackson & Eliza Jane Mason, 23 Nov. 1858.
  Sol. 25 Nov. 1858, H. Warren, J.P.
A. J. King & L. A. Tiller, 25 Nov. 1858. Sol.
  Jo Hardaway, J.P.

Page 312
James P. Nave & Mary F. Hall, 29 Nov. 1858. Sol.
  30 Nov. 1858, B. W. Bradley, J.P.
James H. Watts & Nancy A. Bagbee, 30 Nov. 1858.
  Sol. 1 Dec. 1858, F. C. Plaster, M.G.
John Ryan & Amanda H. Batts, 30 Nov. 1858. Sol.
  1 Dec. 1858, John Burns, J.P.
William W. Newton & Martha Sellers, 1 Dec. 1858.
  Sol. 2 Dec. 1858, F. R. Gooch, M.G.
Jesse Shannon & Martha J. Rose, 3 Dec. 1858. Sol.
  5 Dec. 1858, W. T. Chowning, J.P.
Benjamin S. Morris & Nancy Bartlett, 4 Dec. 1858.
  Sol. 5 Dec. 1858, J. W. Featherston.
William E. Newton & Elizabeth Ruffin, 6 Dec. 1858.
  Sol. 8 Dec. 1858, F. R. Gooch, M.G.
Elijah T. Lawrence & Charlotte P. Lacy, 30 Dec. 1857.
  Sol. 1 Jan. 1858, R. H. Harris, J.P.

Page 313
William P. Lucas & Eliza J. Jernigan, 9 Dec. 1857.
  Sol. 10 Dec. 1857, H. L. Covington, J.P.
C. F. Browning & Mary F. Gorrell, 13 Dec. 1857. Sol.
  Jas Woodard.
Joseph Oats & Polly Ann Hickman, 15 Dec. 1858. Sol.
  18 Dec. 1858, B. Gambill, J.P.
R. H. Elum & Nancy C. Hinkle, 15 Dec. 1858, Sol.
  16 Dec. 1858, T. J. Craig, J.P.
Jacob Pitt & Rebecca Dozier, 16 Dec. 1858. Sol.
  19 Dec. 1858, W. W. Pepper, Judge & C
L. F. Edwards & M. W. Jackson, 16 Dec. 1858. Sol.
  19 Dec. 1858, W. S. Adams.
L. W. Morris & Elender Webb, 17 Dec. 1858. Sol.
  23 Dec. 1858, B. W. Bradley, J.P.
Moleys Joice & Margaret Flaheety, 23 Dec. 1858. Sol.
  2 Jan. 1859, Lewis Host, Catholic Priest.

Page 314
John R. Moore & Amanda McNeal, 25 Dec. 1858. Sol.
  26 Dec. 1858, F. C. Plaster, M.G.
Jas. W. Newman & Elizabeth Lewis, 25 Dec. 1858. Sol.
  29 Dec. 1858, F. C. Plaster, M.G.
Josephus Cobb & Mary S. Crutcher, 28 Dec. 1858.
  Sol. 30 Dec. 1858, W. W. Wynn, M.G.
Pleasant Berry & M. W. Wrights, 28 Dec. 1858. Sol.
  Thos. West, M.G.
A. F. Hilliard & Lorery Ragsdale (or England ?),
  28 Dec. 1858. Sol. Jo Hardaway, J.P.

W. E. Pickard & H. D. Dorris, 29 Dec. 1858. Sol.
30 Dec. 1858, G. W. Featherston, M.G.
B. F. Gossett & Matilda McMunn, 29 Dec. 1858. Sol.
30 Dec. 1858, Geo. L. Staley, M.G.
Charles E. Koepf & Rachell P. Garratt, 30 Dec. 1857.
Sol. 3 Jan. 1858, A. Rose, J.P.

Page 315
Warren Glidwell & Lucretia Jernigan, 3 Jan. 1859.
Sol. 6 Jan. 1859   .
Wilson T. Morris & Ellen Guinn, 4 Jan. 1857. Sol.
A Rose, J.P.
William Gravel & America Ratcliff, 9 Jan. 1859.
Sol. Paul L. H. Walker, J.P.
J. H. Boyles & M. E. White, 13 Jan. 1859. Sol.
16 Jan. 1859, H. L. Covington, J.P.
George Sanford & Mary F. Browning, 15 Jan. 1859.
Sol. 16 Jan. 1859, A. Rose.
Elisha Briley & Mary O. Crabtree, 17 Jan. 1859. Sol.
James Cook, J.P.
Robert F. Kays & Sarah J. Bothick, 17 Jan. 1859.
Sol. Isaac Steel.
Daniel W. Benton & Amanda E. Fryor, 19 Jan. 1859.
Sol. 20 Jan. 1859, Jesse B. White, J.P.

Page 316
Lewis Pool & Sallie H. Thomas, 24 Jan. 1859. Sol.
25 Jan 1859, T. J. Craig, J.P.
T. J. Wilson & Missouri C. Gossett, 28 Jan. 1859.
Sol. 29 Jan. 1859, Thos. West, M.G.
D. D. Henley & A. C. Cook, 2 Feb. 1859, Sol.
3 Feb. 1859, G. W. Featherston, M.G.
Aaron Evans & O. E. Pettie, 5 Feb. 1859. Sol.
Isaac Steel.
William Stanley & Martha Ayers, 5 Feb. 1859. Sol.
6 Feb. 1859, J. F. England, M.G.
Robert Heffman & Harriet Fletcher, 7 Feb. 1859.
Sol. 8 Feb. 1859, J. W. Featherston.
Cyrus W. Washburn & Eliza F. A. Fleppen, 12 Feb. 1859.
Sol. 13 Feb. 1859, B. W. Bradley, J.P.
G. W. Walker & Sarah Wilson, 21 Feb. 1859. Sol.
B. W. Bradley, J.P.

Page 317
S. D. Ogburn & Mary Ann Hutcherson, 24 Feb. 1859.
Sol. Jno. A. Ellis, M.G.
Paterick Hanan & Mary Mullory, 24 Feb. 1859. Sol.
6 March 1859, L. Host, Catholic Priest.
Willice McCort & Adeline Woodson, 8 March 1859.
Sol. 10 March 1859, G. R. Gunn, J.P.
W. H. Villines & Nancy Yates, 9 March 1859. Sol.
31 March 1859, J. M. Copeland, J.P.
John Smith & N. A. Murrey, 12 March 1859. Sol.
James Cook, J.P.

Benjamin F. Webster & Matilda Swift, 27 March 1859.
 Sol. 28 March 1859, John F. England, M.G.
John P. Tollison & Lucinda Rosson, 11 April 1859.
 Sol. 12 April 1859, A. M. Greer, J.P.
Green Benton & Emily S. Bell, 5 April 1859. Sol.
 Jno. A. Ellis, M.G.

Page 318
William H. Stark & V. I. Benton, 12 April 1859. Sol.
 J. B. Anderson, M.G. (?)
Thomas Alsbrook & V. I. Benton, 12 April 1859.
 Sol. A. Rose, J.P. (?)
L. D. Empsom & N. A. Jernigan, 15 April 1859.
 Sol.   .
William M. Pollock & Olivia Solomon, 16 April 1859.
 Sol. 21 April 1859, Jas. Woodard.
J. A. Pamer & N. A. Fowler, 19 April 1859. Sol.
 21 April 1859, W. B. Fenary.
Robert Watson & Harriet Redman, 21 April 1859. Sol.
 2 May 1859, L. Host, Catholic Priest.
B. O. Mitchell & Jane R. Collins, 24 April 1859.
 Sol. Jo Hardaway, J.P.
G. W. Pence & N. A. Thompson, 25 April 1859. Sol.
 James Woodard.

Page 319
M. F. Jones & Frances Spain, 27 April 1859. Sol.
 28 April 1859, Jno. A. Ellis, M.G.
Preston Honeycutt & Elender Dorris, 1 May 1859.
 Sol. 19 May 1859, Reubin Elmore, J.P.
W. P. Voloy & Mary Glisson, 4 May 1859. Sol.
 22 May 1859, J. W. Featherston, M.G.
Austin Mayes & Caroline Harper, 10 May 1859. Sol.
 12 May 1859, John F. England, M.G.
Brown Clinard & Eliza Parker, 12 May 1859. Sol.
 Benj. Rawls, M.G.
L. J. Bell & Laura V. Henry, 16 May 1859. Sol.
 19 May 1859, A. B. Coke, M.G.
William W. Dorris & Lucy Ann Jones, 16 May 1859.
 Sol. 19 May 1859, G. W. Featherston, M.G.
J. H. Hardin & Mary E. Drake, 17 May 1859. Sol.
 18 May 1859, E. T. Hart, M.G.

Page 320
William Rodgers & Martha A. Edison, 18 May 1859.
 Sol. 19 May 1859, A. Rose, J.P.
S. G. Hindman & Nancy Woodard, 21 May 1859. Sol.
 22 May 1859, G. B. Mason, J.P.
William Derrett & Martha Jones, 23 May 1859. Sol.
 24 May 1859, H. L. Covington, J.P.
Andrew J. Demumbre & Mary E. Glover, 25 May 1859.
 Sol. 26 May 1859, B. W. Bradley, J.P.
J. A. Warren & Mary J. Warren, 1 June 1859. Sol.
 James Cook, J.P.

ROBERTSON COUNTY MARRIAGES

James W. Gordon & Rebecca J. Shannon, 10 June 1859.
Sol. H. L. Covington, J.P.
David H. Parker & Nancy Clinard, 25 June 1859. Sol.
Benj. Rawls, M.G.
B. M. Jordan & C. F. Adams, 28 June 1859. Sol.
A. M. Greer, J.P.

Page 321
W. J. Bowers & S. A. Glisson, 8 July 1859. Sol.
9 July 1859, F. R. Gooch, M.G.
Joseph Rinehart & Catherine White, 8 July 1859. Sol.
9 July 1859, R. H. Harrison, J.P.
M. P. Jones & Virginia H. Williamson, 13 July 1859.
Sol. E. W. Coleman, M.G.
C. M. Mitchell & Mary Head, 16 July 1859. Sol.
21 July 1859, M. W. Winters, J.P.
J. H. Page & Columbia Chard, 16 July 1859. Sol.
19 July 1859, Jno. W. Smith, J.P.
Archer Thomas & Mary Jane Egmond, 20 July 1859. Sol.
21 July 1859, W. F. Smith.
James M. England & Elizabeth Jane Warren, 22 July 1859.
Sol. 23 July 1859, John Crawford, J.P.
William S. Hardnall & Finula Simmons, 23 July 1859.
No Return.

Page 322
John B. Malloy & Nancy A. Hutcheson, 24 July 1859.
Sol. 28 July 1859, W. T. Chowning, J.P.
H. D. Drane & Harriett Traughber, 27 July 1859.
Sol. 2 Aug. 1859, E. T. Hart.
William A. Robertson & Rebecca J. Jackson, 28 July 1859.
Sol. H. Warren, J.P.
M. R. Willis & M. J. Dorris, 2 Aug. 1859. Sol.
4 Aug. 1859, G. R. Gunn, J.P.
A. J. Bartholomu & Amanda Gainus, 6 Aug. 1859. Sol.
7 Aug. 1859, A. Rose, J.P.
Meredith Long & Sarah A. Woodard, 8 Aug. 1859. Sol.
9 Aug. 1859, G. B. Mason, J.P.
Thomas L. Green & Rosanna A. Lowe, 9 Aug. 1859.
Sol. 10 Aug. 1859, Jno. A. Ellis, M.G.
William McPherson & Mary E. Rogers, 15 Aug. 1859.
Sol. 18 Aug. 1859, B. Gambill, J.P.

Page 323
Mathew Maddrix & A. Mackey, 16 Aug. 1859. Sol.
17 Aug. 1859, John W. Smith, J.P.
J. B. Richmond & Emily V. Hutcheson, 17 Aug. 1859.
Sol. 18 Aug. 1859, R. H. Harrison.
F. F. Solomon & Martha Dorris, 17 Aug. 1859. Sol.
18 Aug. 1859, G. W. Featherston, M.G.
Joel Bell & Pernecia F. Woodard, 25 Aug. 1859. Sol.
1 Sept. 1859, John W. Smith, J.P.
James H. Blackburn & Catherine Swift, 27 Aug. 1859.
Sol. 28 Aug. 1859, J. F. England, M.G.

Presley McDole & Emily Horton, 3 Sep. 1859. Sol.
Wm. M. C. Barr, J.P.
Wesley Simmons & Charlotte Covington, 5 Sep. 1859.
Sol. 6 Sep. 1859, W. T. Chowning, J.P.
George Barkfield & Tennessee Mansker, 8 Sep. 1859.
Sol. 8 Sep. 1859, J. B. Anderson, M.G.

Page 324
J. N. Frey & Mary Morris, 26 Sep. 1859. Sol.
27 Sep. 1859, G. B. Mason, J.P.
William Crasslin & Sarah George, 27 Sep. 1859. Sol.
29 Sep. 1859, Benjamin Gambill, J.P.
Hugh A. Morrison & Margaret J. Gill, 28 Sep. 1859.
Sol. 29 Sep. 1859, A. M. Greer, J.P.
Thomas F. Sadler & Edney Powell, 29 Sep. 1859. Sol.
A. Rose, J.P.
Parson Woodard & Virginia A. Draughon, 29 Sep. 1859.
Sol. John W. Smith, J.P.
Thomas W. Thaxton & Lucinda Stark, 30 Sep. 1859.
Sol. 2 Oct. 1859, Benjamin Gambill, J.P.
Jo Anderson & Sarah A. Dickerson, 1 Oct. 1859. Sol.
2 Oct. 1859, W. W. Wunn, M.G.
Richard Lyles & Mary E. Jones, 3 Oct. 1859. Sol.
Joel W. Whitten, M.G.

Page 325
Hyram Lacy & Sarah Horton, 8 Oct. 1859. Sol.
9 Oct. 1859, Wm. C. B. Barr, J.P.
Samnes Stark & Mary Shannon, 10 Oct. 1859. Sol.
16 Oct. 1859, W. T. Chowning, J.P.
J. J. Chadowin & Harriet E. Roe, 10 Oct. 1859. Sol.
Ruebin Elmore, J.P.
Monroe Willard & Elizabeth Reeder, 10 Oct. 1859. Sol.
16 Oct. 1859, W. B. Fordan.
W. T. Gunn & Martha J. Pride, 19 Oct. 1859. Sol.
20 Oct. 1859, W. Gunn, M.G.
M. V. Frey & Lucy S. Rust, 21 Oct. 1859. Sol.
23 Oct. 1859, G. B. Mason, J.P.
John B. Page & Almira Robertson, 26 Oct. 1859. Sol.
27 Oct. 1859, H. Warren, J.P.
H. E. Canover & S. E. Trainnum, 28 Oct. 1859. Sol.
29 Oct. 1859, F. C. Plaster, M.G.

Page 326
J. M. Cannon & Martha A. White, 31 Oct. 1859. Sol.
Jesse B. White, J.P. (?)
W. F. Jernigan & Martha A. White, 4 Nov. 1859. Sol.
6 Nov. 1859, H. L. Covington, J.P. (?)
Eli Cook & Sarah J. Swift, 7 Nov. 1859. Sol.
8 Nov. 1859, John Crawford, J.P.
W. A. Williams & Mary E. Vaughon, 9 Nov. 1859. Sol.
C. H. Cross, M.G.
J. L. Harris & Mary D. Wynn, 12 Nov. 1859. Sol.
13 NOv. 1859, J. T. W. Davis, M.G.

ROBERTSON COUNTY MARRIAGES

R. H. Alley & Sarah J. Keller, 14 Nov. 1859. Sol.
  15 Nov. 1859, Jerome B. Anderson, M.G.
Paterick Husley & Elizabeth Wolf, 21 Nov. 1859. Sol.
  24 Nov. 1859, J. T. Craig, J.P.
Robert Green & Martha A. Sprouse, 27 Nov. 1859. Sol.
  W. W. Pepper, Judge & C.

Page 327
B. F. Pace & Mary C. Hawkins, 5 Dec. 1859. Sol.
  8 Dec. 1859, M. W. Winters, J.P.
James W. Burnett & Lucy Ann Lipford, 10 Dec. 1859.
  Sol. 12 Dec. 1859, F. C. Plaster, M.G.
W. M. Jackson & Susan J. Winfield, 14 Dec. 1859. Sol.
  15 Dec. 1859, H. L. Covington, J.P.
James Darden & Susan C. Frey, 17 Dec. 1859. Sol.
  18 Dec. 1859, J. T. W. Davis, M.G.
James M. Summerville & Victoria Bighee, 20 Dec. 1859.
  Sol. 21 Dec. 1859, R. H. Harrison, J.P.
John C. McGoldrick & Amelia Murrah, 21 Dec. 1859.
  Sol. 22 Dec. 1859, J. W. Smith, J.P.
W. W. Adams & Mary S. Woods, 23 Dec. 1859. Sol.
  25 Dec. 1859, John W. Smith, J.P.
James Appleton & Sarah J. Traughber, 24 Dec. 1859.
  Sol. 27 Dec. 1859, Benjamin Gambill, J.P.

Page 328
A. L. Parks & Susan A. Pepper, 25 Dec. 1859. Sol.
  Jo Hardaway, J.P.
Meredith Powell & Mary M. Cobb, 20 Dec. 1859. Sol.
  28 Dec. 1859, J. T. W. Davis, M.G.
Milton Dame & Sarah E. Elliott, 29 Dec. 1859. Sol.
  J. B. Anderson, M.G.
M. W. Draughon & Olive Peteway, 12 May 1855. Sol.
  13 May 1855, Jas. Woodard.
J. C. Bowen & M. A. Fountane, 21 July 1858. Sol.
  Benj. Rawls, M.G.
R. C. Blair & Lydia A. Rawls, 13 Sept. 1858. Sol.
  14 Oct. 1858, Benj. Rawls, M.G.
John J. Underwood & Mary J. Thomas, 17 Sept. 1859.
  Sol. 22 Sept. 1859, John Crawford, J.P.
J. T. Fort & E. L. Fort, 31 May 1860. Sol. 2 June 1860,
  F. C. Plaster, M.G.

Page 329
W. B. Beach & J. A. McNeil, 19 Dec. 1859. Sol.
  22 Dec. 1859, F. C. Plaster, M.G.
John R. Turner & Mary F. Dammon, 5 May 1860. Sol.
  Jas. H. Mallory, J.P.
Charles D. Gannon & Martha Warmath, 16 April 1860.
  Sol. 17 April 1860, W. C. Rawls, J.P.
G. W. Draughton & Piety Pittman, 15 June 1860. Sol.
  16 June 1860, J. M. Speer, J.P.
George Adams & Mary M. Clark, 13 June 1860. Sol.
  14 June 1861, Wm. Draughon, J.P.

John M. Gibbs & Nancy M. Pike, 16 June 1860. Sol.
  Jo Hardaway, J.P.
Benjd. Ponds & Sophrona Cook, 22 Dec. 1859. Sol.
  25 Dec. 1859, G. W. Featherston, M.G.
Larkin Payne & Susan Arnold, 2 Jan. 1860. Sol.
  11 Jan. 1860, G. W. Featherston, M.G.

Page 330
J. L. Jones & Virginia Boyd, 17 Jan. 1860. Sol.
  19 Jan. 1860, G. W. Featherston, M.G.
Thos. N. Brooks & Mary R. Greer, 10 Oct. 1855. Sol.
  S. D. Ogburn, M.G.
James George & Jane Brown, 1 May 1860. Sol. 3 May 1860,
  W. M. C. Barr, J.P.
Robert Moore & Martha F. Bracy, 30 April 1860. Sol.
  Williw H. Head, M.G.
M. B. Ford & L. B. Cooksey, 28 May 1860. Sol.
  W. W. Pepper, Judge of 10th Circuit of Tennessee.
B. D. Hollin & M. E. Cromwell, 4 June 1860. Sol.
  5 June 1850, A. B. Moore, M.G.
E. L. Aingell & L. J. May, 25 May 1860. Sol.
  26 May 1860, E. Burr, J.P.
R. M. Covington & Mary E. Freeland, 2 June 1860.
  Sol. _____.

Page 331
W. J. Mantle & Mary A. Hart, 14 April 1860. Sol.
  Francis Barnes.
R. L. Adams & Martha A. Ogg, 7 May 1860. Sol.
  15 May, J. A. Bell, J.P.
James H. Frizzell & Sarah J. Farmer, 30 May 1860.
  Sol. 31 May 1860, Jas. H. Mallory, J.P.
F. M. Brown & M. J. Easley, 10 May 1860. Sol.
  W. R. Saddler, J.P.
Meredith T. Robertson & Lucy Jane Winn, 8 May 1860.
  Sol. 10 May 1860, J. M. Speer, J.P.
Isaac G. Coles & Mary E. Gillum, 17 May 1860. Sol.
  W. W. Pepper, Judge 10th Circuit of Tenn.
W. R. Pope & Mary A. Pike, 16 May 1860. Sol.
  W. W. Pepper, Judge 10th District of Tenn.
J. A. Darden & A. M. Fiser, 15 March 1860. Sol.
  J. T. W. Davis, M.G.

Page 332
John W. Briely & Lucinda Murphy, 16 Jan. 1860. Sol.
  James Cook, J.P.
William Winfield & Frances E. Owen, 17 April 1860.
  Sol. _____.
T. H. W. Parrish & Tabitha Fowler, 28 March 1860.
  Sol. 8 April 1860, J. S. Hollis, J.P.
Jesse B. Draughon & Miss B. A. Batts, 10 April 1860.
  Sol. 16 April 1860, J. W. Smith, J.P.
W. A. Bennett & M. A. Ireland, 2 April 1860. Sol.
  3 April 1860, H. Warren, J.P.

Jackson Fort & Sarah Head, 7 Jan. 1860. Sol.
15 April 1860, W. M. Winters.
Tazwell Hyde & Ellen Green, 30 April 1860. Sol.
W. W. Pepper, Judge 10th Circuit of Tenn.
Drewery Warren & Almarinda Parker, 5 Dec. 1859. Sol.
6 Dec. 1859, John F. England, M.G.

Page 334
James F. Dunn & Nancy J. Menees, 8 March 1860. Sol.
F. R. Gooch, M.G.
James M. Shelton & Letta Z. Huddleston, 11 April 1860.
Sol. 12 April 1860, Jesse B. White, J.P.
George McMurry & Lucinda Elizabeth Stone, 25 Jan. 1860.
Sol. 26 Jan. 1860, James Cook, J.P.
Carroll Huey & Miss M. M. Holland, 23 Feb. 1860. Sol.
24 Feb. 1860, G. R. Gunn, J.P.
Henry Carlisle & Mary Ann Fletcher, 15 Feb. 1860. Sol.
16 Feb. 1860, J. W. Featherston.
William Fletcher & Carina Hall, 22 March 1860. Sol.
Jo Hardaway, J.P.
John W. Smith & Adeline Lett, 16 March 1860. Sol.
John W. Smith, J.P. for Robertson County.
E. G. Strange & Mary E. Braswell, 5 March, 1860. Sol.
6 March 1860, John Bryns, J.P.

Page 335
Wm. W. Naive & Sarah J. Tally, 28 Jan. 1860. Sol.
8 Feb. 1860, W. R. Sadler, J.P.
Charles Palmer & Jennetta Elizabeth Greer, 8 March 1860.
Sol. J. T. W. Davis, M.G.
Thos. Holland & Mary Ann Griffin, 2 March 1860. Sol.
8 March 1860, John W. Smith, J.P.
W. F. Willis & Mary Ann Hooper, 1 March 1860. Sol.
H. L. Covington, J.P.
Jacob Peck & Lettitia Balthrip, 24 Feb. 1860. Sol.
1 March 1860, M. W. Winters, J.P.
R. H. Bradshaw & Susan Barler, 20 Feb. 1860. Sol.
M. W. Winters, J.P.
W. E. Maurey & Sue D. Percise, 18 Feb. 1860. Sol.
19 Feb. 1860, J. W. Cullum, M.G.
M. D. Cobb & Sarah C. T. Binkley, 15 Feb. 1860. Sol.
16 Feb. 1860, J. T. W. Davis, M.G.

Page 336
William M. Toliver & Mary M. Freeman, 14 Feb. 1860.
Sol. 17 Feb. 1860, Benjamin Gambill, J.P.
M. V. Ingram & Anna Lurie Farmer, 8 Feb. 1860. Sol.
John W. Duncan, M.G.
William H. Elliott & Virginia T. Naive, 28 Jan. 1860.
Sol. 9 Feb. 1860, M. W. Winters, J.P.
William H. Cannon & Dorotha Payne, 30 Jan. 1860.
Sol. J. B. White, J.P.
C. J. Owen & Bridget O. Donnell, 16 Jan. 1860. Sol.
2 Feb. 1860, W. T. Chowning, J.P.

Connell O Donnell & Bridgett O Donnell, 16 Jan. 1860.
Sol. T. B. Mathews, J.P.
James B. Holman & Martha J. Barbee, 11 Jan. 1860.
Sol. 12 Jan. 1860, John W. Smith, J.P.
Xenophon Simmons & Sarah P. Knight, 8 Jan. 1860. Sol.
9 Jan 1860, Jo Hardaway, J.P.

Page 337
W. J. Anderson & Ginory Grise, 7 Jan. 1860. Sol.
8 Jan. 1860, John W. Smith, J.P.
Samuel P. Baldwin & Nancy Catherine Borren, 5 Jan. 1860.
Sol. Jesse B. White, J.P.
John F. Smith & Elizabeth Woodard, 5 Jan. 1860. Sol.
Jo Hardaway, J.P.
Hiram W. Pentecost & Martha J. Farmer, 2 Jan. 1860.
Sol. 19 Jan. 1860, M. W. Winters, J.P.
O. C. Morrison & Minerva A. Fletcher, 7 Nov. 1859.
Sol. 11 Dec. 1859, W. W. Adams.
Wm. H. Whitehead & Miss Harriet E. Gill, 2 Jan. 1860.
Sol. 5 July 1860, A. M. Greer, J.P.
James Lipscomb & Eliza J. Traughber, 21 Aug. 1860.
Sol. E. Burr, J.P.
William T. Anderson & M. A. Rawls, 26 Aug. 1860. Sol.
27 Aug. 1860, J. B. Anderson, M.G.

Page 338
J. W. Babb & M. J. Roney, 3 Jan. 1859. Sol.
7 Aug 1859 _____.
Sycurgus Randolph & Martha A. Gunn, 6 July 1859. Sol.
_____.
John T. Bains & Susan Hope, 3 Aug. 1859. Sol. _____.
G. W. Briggs & A. W. Jackson, 29 June 1860. Sol.
3 July 1860, J. B. Anderson, M.G.
J. N. McCrary & Mary Lewis, 22 July 1860. Sol.
W. W. Pepper, Judge 10th Circuit Tenn.
W. A. Pike & M. J. Bridges, 14 July 1860. Sol.
15 July 1860, W. W. Pepper, Judge.
W. A. Prince & Mary E. Edwards, 12 July 1860. Sol.
John W. Smith, J.P. for Robertson Co.
Jesse McFarland & Louisa Odle, 18 June 1860. Sol.
18 June 1860, Isaac Steel.

Page 339
E. M. Markham & Virginia C. Williams, 6 Jan. 1860.
Sol. G. W. Featherston.
J. M. Smart & Mary J. Summerville, 6 Jan. 1860. Sol.
8 Jan. 1860, J. M. Copeland, J.P.
Josephus Williams & Mary J. Strickland, 31 Dec. 1860.
Sol. 3 Jan. 1861, Reubin Elmore, J.P.
Thos J. Eidson & Elizabeth Shy, 7 May 1860. Sol.
10 May 1860, J. N. Thornhill, J.P.
T. J. Babb & Sarah E. Brewer, 25 June 1860. Sol.
28 June 1860, G. W. Featherston, M.G.
John Swann & Mary F. Webb, 10 Aug. 1860. Sol.
13 Aug. 1860, Thos. West, M.G.

Hugh Henry & Louisa Cole, 10 March 1860. Sol.
  12 March 1860, H. L. Covington, J.P.
William A. Cole & Elanor L. Moss, 7 July 1860. Sol.
  9 July 1860, Jas. N. Thornhill, J.P.

Page 340
Jas. F. Cole & Harriet Stark, 7 July 1860. Sol.
  8 July 1860, E. Burr, J.P.
Benj. F. King &Margaret Blackburn, 7 July 1860.
  Sol. 8 July 1860, Francis Barnes, J.P.
Cyrus E. Butt & Milley Traughber, 4 July 1860. Sol.
  8 July 1860, E. Burr, J.P.
James Fisher & Armetta Willis, 21 July 1860. Sol.
  23 July 1860, T. O. Tarpley, J.P.
George McMillin & Tabitha J. West, 27 July 1860.
  Sol. 2 Aug. 1860, T. O. Tarpley, J.P.
Charles Ellison & Harriet Pepper, 1 Aug. 1860. Sol.
  2 Aug. 1860, Jas. Cook, J.P.
Robert Cory & L. F. Edwards, 13 Aug. 1860. Sol.
  15 Aug. 1860, W. S. Adams.
J. C. Carver & Eliza F. Ford, 4 Aug. 1860. Sol.
  5 Aug. 1860, J. M. Speer, J.P.

Page 341
J. Q. A. Simmons & Mary Jane Porter, 23 Aug. 1860.
  Sol. Jo Hardaway, J.P.
R. B. Daniels & E. A. Tollerson, 14 Aug. 1860. Sol.
  16 Aug. 1860, D. K. Moreland, Pastor, Harmony
  Church, Robertson County, Tenn.
Shelby Barsley & John Ellen Pence, 29 Sep.1860.
  Sol. Isaac Steel.
W. A. Campbell & Josephine Wells, 26 Sep. 1860. Sol.
  27 Sep. 1860, John W. Smith, J.P.
James Fletcher & Ellen Oran, 25 Sep. 1860. Sol.
  W. F. Pride, J.P.
J. H. Johnson & Martha E. Reed, 3 Sep. 1860. Sol.
  6 Sep. 1860, J. A. Bell, J.P.
D. H. Bowling & Elizabeth A. Shannon, 21 Sep. 1860.
  Sol. _____.
James Osburn & Mary A. Kiger, 27 Sep. 1860. Sol.
  W. C. Rawls, J.P.

Page 342
Charles Dickinson & Mary Matilda Pentecost, 3 Sep. 1860.
  Sol. 6 Sep. 1860, W. M. Winters, J.P.
J. H. Highsmith & N. G. Tayler, 3 Sep. 1860. Sol.
  6 Sep. 1860, W. F. Pride, J.P.
William Fuqua &Mary A. Clinard, 29 Sep. 1860. Sol.
  30 Sep. 1860, W. C. Rawls, J.P.
William Clinard & Thirsey Fuqua, 18 Sep. 1860. Sol.
  23 Sep. 1860, W. C. Rawls, J.P.
Thomas Doyle & F. V. Williams, 6 Sep. 1860. Sol.
  J. M. Speer, J.P.
Phillip Athony & Polly Hill, 15 Sep. 1860. Sol.
  18 Sep. 1860, G. W. Martin, M.G.

J. R. Anderson & E. F. Batts, 23 Oct. 1860. Sol.
J. T. W. Davis, M.G.
Jas. W. Chambers & Lucy W. Bell, 18 Sep. 18, 1860.
Sol. 2 Oct. 1860, J. B. Anderson, M.G.

Page 343
W. J. Bruce & Lucy Pepper, 19 Oct. 1860. Sol.
Jo Hardaway, J.P.
Malichi Benton & Roxane Benton, 4 Oct. 1860. Sol.
W. W. Pepper, Judge of Circuit Court Tenn.
John W. Warren & Mary F. McMurry, 25 Oct. 1860.
Sol. _____.
W. W. Glover & M. V. Bidwell, 1 Oct. 1860. Sol.
3 Oct. 1860, Geo. W. Martin, M.G.
Obadish Chandler & Nancy A. Crabtree, 26 Nov. 1860.
Sol. 28 Nov. 1860, W. B. Kelly, M.G.
J. T. W. Davis & Mary E. Batts, 31 Oct. 1860. Sol.
1 Nov. 1860, Jerome B. Anderson, M.G.
L. A. Tatum & Allice N. Taylor, 14 Nov. 1860. Sol.
W. H. Bugg, J.P.

Page 344
M. L. Fisher & E. J. Babb, 6 Nov. 1860. Sol.
8 Nov. 1860, J. M. Copeland, J.P.
L. W. Willis & Mary E. Gallaher, 17 Nov. 1860. Sol.
18 Nov. 1860, G. Benton, J.P.
W. H. James & Susan A. Stolts, 24 Oct. 1860. Sol.
1 Nov. 1860, J. J. Bradley, J.P.
William T. Radford & Piety H. Fort, 24 Nov. 1860.
Sol. 26 Nov. 1860, F. C. Plaster, M.G.
Josiah Clinard & Harriet A. Parker, 1 Oct. 1860.
Sol. 4 Nov. 1860, J. L. Hollis, J.P.
J. W. Burchett & W. E. Lipford, 16 Nov. 1860. Sol.
F. C. Plaster, M.G.
W. A. Huffman & M. C. Higgs, 5 Nov. 1860. Sol.
14 Nov. 1860, J. S. Hollis, J.P.

Page 345
G. C. Elmore & Sarah Thurman, 20 Dec. 1860. Sol.
_____.
James Berry & Melissa A. Webb, 22 Dec. 1860. Sol.
23 Dec. 1860, J. W. Featherston, M.G.
David Nimo & Sarah Chism, 21 Dec. 1860. Sol.
23 Dec. 1860, J. W. Featherston, M.G.
Wm. H. Head & Mary W. Murphy, 28 Nov. 1860. Sol.
6 Dec. 1860, W. M. Winters, J.P.
George W. Williams & Mildred V. Watson, 10 Dec. 1860.
Sol. 17 Dec. 1860, John W. Smith, J.P.
M. D. Taylor & M. E. Stark, 17 Dec. 1860. Sol.
20 Dec. 1860, John W. Smith, J.P.
H. W. Warren & Fanny B. Burch, 3 Dec. 1860. Sol.
W. F. Pride, J.P.

Page 346

M. O. Mason & Melissa D. Taylor, 17 Dec. 1860. Sol.
  20 Dec. 1860, W. H. Pride.
D. L. Holland & Mary J. Powell, 3 Dec. 1860. Sol.
  4 Dec. 1860, J. W. Smith, J.P.
J. L. Townsend & E. M. Graves, 17 Dec. 1860. Sol.
  25 Dec. 1860, E. Burr, J.P.
J. W. R. McIntosh & Sarah Jane Fuqua, 14 Dec. 1860.
  Sol. 16 Dec. 1860, E. Burr, J.P.
Thos. M. Rust & Sarah M. Highsmith, 3 Dec. 1860.
  Sol. 12 Dec. 1860, F. C. Plaster, M.G.
Wesley Bransford & Chrissia Thomas, 5 Dec. 1860. Sol.
  6 Dec. 1860, A. P. McFerrin, M.G.
Samuel Keller & Minie F. England, 1 Jan. 1862. Sol.
  James Cook, J.P.

Page 347

A. J. Gee & Mary Boatright, 24 Oct. 1861. Sol.
  E. W. Gunn, M.G.
M. M. Lurie & Catherine Warner, 21 Feb. 1861. Sol.
  W. R. Sadler, J.P.
H. E. Hyde & Susan M. Justice, 19 Nov. 1861. Sol.
  J. J. Bradley, J.P.
Perry Cannon & Elizabeth Baldwin, 19 Nov. 1861. Sol.
  Wm. Draughon, J.P.
W. W. Roby & F. A. Sumner, 25 May 1861. Sol.
  J. M. Copeland, J.P.
L. I. Yates & Louisa Carr, 10 June 1861. Sol.
  J. M. Copeland, J.P.
John B. Strother & Martha M. Boyles, 29 June 1861.
  Sol. J. M. Copeland, J.P.

Page 348

James P. Frey & Amelia Simmons, 10 June 1861. Sol.
  J. M. Copeland, J.P.
G. W. Harper & N. M. Barker, 21 Nov. 1861. Sol.
  E. Burr, J.P.
James B. Harper & L. J. Ragsdale, 21 Nov. 1861.
  Sol. E. Burr, J.P.
E. C. Mason & Mary F. Winn, 25 Jan. 1861. Sol.
  H. Warren, J.P.
J. M. Evans & Sarah C. Nevell, 30 July 1861. Sol.
  J. L. Durrett, J.P.
G. Kennedy & Ellen Howard, 20 Aug. 1861. Sol.
  Isaac Steel.
O. W. Smith & C. M. Page, 29 Aug. 1861. Sol.
  W. F. Pride, J.P.

Page 349

Meredith Traughber & Nancy C. Henderson, 29 DEc. 1861.
  Sol. J. W. Smith, J.P.
B. F. King & Frances Todd, 27 Dec. 1861. Sol.
  Jas. H. Mallory, J.P.
Wm. H. Todd & Jane Farmer, 13 Nov. 1858. Sol.
  B. B. Batts, J.P.

Alonzo Ryan & N. I. Boyd, 24 Dec. 1861. Sol.
E. Burr, J.P.
Samuel Violett & Elizabeth Copeland, 11 Aug. 1861.
Sol. Isaac Steel.
Mathew Morris & Catherine S. Cobb, 18 Aug. 1861.
Sol. Geo. W. Martin, M.G.
Thos. Lowell & Nancy A. Hunter, 15 Oct. 1861. Sol.
F. C. Plaster.

Page 350
Wm. Bumpass & Maranda Ogg, 21 Feb. 1861. Sol.
27 Feb. 1861, W. L. Adams.
Henry W. Williams & Mary C. Burgess, 14 April 1861.
Sol. W. L. Adams.
W. H. Rust & Mary E. Williams, _____. Sol.
28 March 1861, W. L. Adams.
Wm. Allen & Virginia Shelton, 22 Jan. 1861. Sol.
John W. Smith, J.P.
W. J. Darden & Mary E. Gardner, 14 March 1861. Sol.
A. Atkins, J.P.
J. C. Barry & M. Byram, 22 Aug. 1861. Sol.
22 Aug. 1861, T. P. Tarpley, J.P.
Thos. Cole & Nellie Ellison, 26 Aug. 1861. Sol.
A. Cook, J.P.

Page 351
James C. Shelton & Amanda R. Barbee, 19 Sep. 1961.
Sol. George W. Walker, J.P.
Phillip D. Summerville & Elizabeth Ashabraner,
22 [Ave] 1861. Sol. Isaac Steel.
Joshua Arnold & Mary F. Berry, 28 July 1861. Sol.
G. W. Featherston, M.G.
B. H. Bradley & Nancy C. Coleman, 20 Nov. 1861.
Sol. C. W. Martin, M.G.
James Burgess & Mary Ayres, 3 Nov. 1861. Sol.
J. W. Featherston.
W. F. Stark & Angeline Lucas, 27 Oct. 1861. Sol.
Jas. Coom, J.P.
Elizah Warren & Nancy England, 2 Sep. 1861. Sol.
Francis Barns, J.P.

Page 352
T. J. Drane & Nancy C. Gorham, 25 April 1861. Sol.
E. Burr, J.P.
John Moudy & Martha Appleton, 12 May 1861. Sol.
E. Burr, J.P.
C. O. Burr & Mary J. Pitt, 7 July 1861. Sol.
E. Burr, J.P.
J. H. Newman & L. J. Hope, 20 Aug. 1861. Sol.
Jo Hardaway, J.P.
John E. Bainbridge & E. C. Hill, 6 Sep. 1861. Sol.
10 Sept. 1861, G. W. Martin, M.G.
Thomas Watts & M. T. Morris, 9 Sep. 1861. Sol.
12 _____ 1861, G. W. Martin, M.G.

ROBERTSON COUNTY MARRIAGES

R. L. Ford & Lucy Beall, 24 Sep. 1861. Sol.
Jo Hardaway, J.P.

Page 353
G. W. Clifton & Louisa Boxe, 9 June 1861. Sol.
Geo. W. Trenary.
W. W. Wautland & Susan Neeley, 26 Oct. 1861. Sol.
Jo Hardaway, J.P.
David Craig & Mrs. F. C. Colley, 21 Oct. 1861. Sol.
W. H. Bugg, J.P.
L. W. Bowers & H. H. Anderson, 5 June 1861. Sol.
W. H. Bugg, J.P.
Alex Mackey & Martha F. Pert, 9 June 1861. Sol.
Jno. W. Smith, J.P.
J. L. Widdick & Ophelia Doe, 8 Feb. 1861. Sol.
Benj. Rawls, M.G.
Wm. Host & Mary J. Ivey, 3 June 1861. Sol.
J. T. W. Davis, M.G.

Page 354
J. H. Woodard & S. A. F. Dalton, 13 Feb. 1861. Sol.
14 Feb. 1861, W. F. Pride, J.P.
Jas. D. Inscore & Sarah Wilson, 28 Feb. 1861. Sol.
Jo Hardaway, J.P.
Avery Stark & Mary H. Newton, 13 Feb. 1861. Sol.
Wm. Draughon, J.P.
J. W. Rawls & Martha S. Anderson, 21 Oct. 1861. Sol.
13 Oct. 1861, J. B. White, J.P.
T. J. Doss & Susan E. Ellison, 20 Sep. 1861. Sol.
22 Sep. 1861, T. O. Tarpley, J.P.
C. S. Gooch & Sarah J. Bowers, 25 Sep. 1861. Sol.
29 Sep. 1861, J. M. Speer, J.P.
W. A. Millen & E. J. Young, 26 Sep. 1861. Sol.
J. M. Gill, M.G.

Page 355
J. M. Drake & Mary Wilson, 11 Feb. 1861. Sol.
14 Feb. 1861, G. W. Trenary.
John Southerland & Mary E. Beasley, 4 Feb. 1861.
Sol. 12 Feb. 1861, G. W. Featherston, M.G.
Francis Kirby & Elizabeth Gainus, 28 March 1861.
Sol. Francis Barnes, J.P.
Jas. W. Hollis & Madora A. Clinard, 16 April 1861.
Sol. 17 April 1861, W. C. Rawls, J.P.
Jas. A. West & Cidia E. Biggs, 9 Jan. 1861. Sol.
Isaac Steel, G.M.
Edward G. Edwards & Angellette Breeves, 29 Jan. 1861.
Sol. 30 Jan. 1861, G. W. Featherston, M.G.
A. Doss & Juditha Broaderick, 13 April 1861. Sol.
14 April 1861, Greenberry Kelly, M.G.

Page 356
Thos. H. Benton & Mary Pepper, 1 May 1861. Sol.
H. Warren, J.P.

111

D. J. Gambill & Margaret Brewer, 8 May 1861. Sol.
W. M. Willia, J.P.
G. E. Choat & Susan Woodson, 14 May 1861. Sol.
15 May 1861, Francis Barnes, J.P.
W. F. Stone & N. E. Winfield, 6 May 1861. Sol.
James Cook, J.P.
W. C. Garth & Mildreth Fort, 22 April 1861. Sol.
10 May 1861, F. C. Plasters, M.G.
Jno. W. Stark & Minerva Aiken, 25 March 1861. Sol.
28 March 1861, R. S. Blankenship, M.G.
Jno. Bell, Jr. & Julia Woodard, 20 April 1861. Sol.
24 April 1861, A. B. Coke, M.G.

Page 357
C. H. Hudwell & Mary E. Hill, 28 March 1861. Sol.
Jas. Woodard, J.P.

Babb (cont.)
  Jane 23 (See also BOBB)
  John 28
  Joseph 17
  J. W. 106
  Nancy 14
  P. 59
  Parmela A. 5
  P. P. 32
  Sarah A. 54
  T. J. 106
  Young 48
Bagbee, Nancy A. 98
Bagby, Aaron T. 66
  Ann 29
  Benjamin 80
  Hariet 19
  Martha J. 82
  Robert 81
Baggat, Nancy 4
Bagget, Amanda 3
  Benjamin F. 34
  E. G. 50
Baggett, Burrell W. 89
  Clara E. 75
  E. 56
  Eliza 64
  G. L. 97
  Granberry 26
  J. A. 92
  L. 62
  L. A. 61
  Lucinda F. 93
  Mahala E. 52
  Martha W. 60
  Mary 68
  M. E. 54
  Susan J. 27
  W. G. 58
Bagley, Roberta H. 81
Bagly, Harriet 20
Bailey, Ann 2
  E. R. 36
  Geo. W. 45
  John 87
  Martha A. 17
  Mary J. 24
  M. E. 89
  Nancy 28
  Nancy A. 35
  P. J. 44
  Sarah 23
  Virginia 26
Bain, Mary 87
Bainbridge, John E. 110
Bains, John T. 106
Baird, Ann I. 75
  Mary J. 89
  Tho. 55
  W. G. 42
Baker, James 35
  J. H. W. 8
  Joseph C. 91
  L. A. 49
  Robert I. 22
Balance, Nancy 25
Baldridge, Sarah Jane 90
Baldry, Amanda 43
  E. L. Al 36
  E. L. P. 58
  Manervia J. 94
  Mary J. 73
Baldwin, Abram 3
  Elizabeth 109
  John 90
  Mary A. 93
  Samuel P. 106
Baley, Samuel 15

Balthrip, Lettitia 105
Balthrop, W. H. 83
Bandy, Jesse 33
  Mary M. 19
Banfield, Asa 34
Bannon, Salina 25
Barbee, Amanda R. 110
  E. A. 71
  George B. 7
  Joseph C. 1
  Lydia 32
  Martha J. 106
  Mary Eliz. 13
  Minerva 31, 38
  Sarah H. 83
Bardry, R. L. A. 91
Barham, A. V. 61
  Emily I. 80
  Henry 66
  J. G. 63
  Joseph W. 84
  M. E. 63
  W. R. 97
Barker, A. D. 42
  Mary A. 96
  N. M. 109
  Susan 105 (See also BARLER)
  V. L. 62
Barkfield, George 102
  (See also BRAKFIELD)
Barler, Susan 105 (See BARKER)
Barnes, Clinton M. 97
  Elizabeth F. 84
  George 21
  H. B. 56
  Larry S. 3
  Lucy 68
  Mary A. P. 91
  M. L. 62
  Sally 57
  Susan E. 21
  W. J. 25
  W. S. 80
Barnet, Joseph 3
Barnett, Martha 80
Barr, G. W. 53
  Isaac 73
Barrow, T. 55
Barry, A. F. 81
  Isaac 83
  J. C. 110
  Missouri 83
  Thomas 85
  William L. 11
  William P. 11
Barsley, Shelby 107
Bartholom, A. J. 101
Bartlett, Amy 2
  B. 42
  G. L. 91
  Martha E. 91
  Nancy 98
  Robert 19
Barughon, Miles T. 76
Basford, Kenchen 35
  Lucretia 77
Bassford, Kenchen 33
  Susan 2
Batts, Adaline 97
  Amanda H. 98
  B. A. (Miss) 104
  Beady M. 3
  E. F. 108
  John T. 8
  Jonathan 19
  Lareny 81
  Martha W. 81
  Mary E. 23, 108

Batts (cont.)
  M. D. W. 80
  M. L. 46
  Pricilla 83
  Sarah E. E. 76
  Virginia C. 86
Baugh, G. N. 71
Baxter, Robt 36
Beach, Hyram 45
  W. B. 103
Beadwell, Sarah B. 52
Beall, Lucy 111
Beasley, Cyntha 7
  Fanning J. 22
  James H. 11
  Malinda 12
  Martha 47
  Mary E. 111
  Rebecca 6
Beaumont, Charles W. 13
Beckham, Creesy 3
Becknell, Caroline A. 18
Bedwell, J. A. 54
Bell, Andrew 19
  Barbary 8
  Charles C. 97
  E. A. 47
  Emily S. 100
  Henry J. 67
  Hiram 70
  James B. 59
  Jno., Jr. 112
  Joel 101
  Joel E. 41
  L. J. 100
  Lucy W. 108
  Maranda A. 66
  Martha 34
  Martha M. 87
  Mary C. 60
  Nancy 24
  R. G. 74
  R. W. 5
  Sarah J. 28
  Sarah W. 45
  Wm. H. 26
  Zaack H. 61
Bells, J. C. 94
Bennett, Elizabeth 75
  Elizabeth C. 95
  M. 64
  Margaret 43
  Mary Ann 77
  Nancy E. 80
  S. A. 48
  W. A. 104
  William M. 43
Benson, Agnes L. 93
  Alabama 54
  Calvin 5
  Elijah 36
  Elvis 67
  John C. 9
  Martha 30
  Martin G. 85
  Mary 55
  M. H. 32
  Nancy W. 3
  Olive 4
Benton, Ann 9
  Daniel W. 92, 99
  E. 43, 64
  Elizabeth 95
  Emeline 16
  E. P. 84
  Ephriam 64
  George B.
  Green 4, 100

Benton (cont.)
James 15
John G. 72
John H. 70
Malichi 108
Mary 44, 63, 68
Rhoda 41
Rich. 68
Roxane 108
Susan 73
Thos. H. 111
V. I. 100 (?)
V. I. 100 (?)
W. I. 79
William F. 69
Berget, Martha 7
Bernard, Ann 9
Julia A. 65
Wm. A. 20
Berry, Alvin 17
Ellen C. 76
Ephraim 34
Harriet 76
James 108
Martha J. 90
Mary F. 110
Pleasant 98
W. K. 82
Bibb, Henry G. 20
William E. 7
Bidwell, M. V. 108
Bigbee, Caroline 66
John C. 18
M. A. E. 83
Martha 11
Mary A. 7
Missoure 32
Sarah 67
Bigbey, Permelia 35
Bigee, Geo. W. 30
Biggs, Cidia E. 111
Josiah 15
Nancy 66
William 84
Bighee, Victoria 103
Bill, John 36
Binkley, Amanda 59
Amanda M. 2
Angeline 79
Anthony L. 44
A. T. 45
Elisha 13
Hulda A. 79
John H. 91
L. L. 64
Mariah J. 45
Mary 84
Mary A. E. 81
Mary Ann 61
M. E. 60
Nancy 68
Parilee 94
Rachel 16
R (M) 61
Sarah C. T. 105
Sarah L. 74
S. C. B. 46
Soan 88
Susan 67
Williams C. 81
Birkley, C. A. 60
Bishop, M. E. 45
Bivins, James P. 13
Black, Catherine 88
Blackard, Joshua 4
Blackburn, Angeline 77
Arch. 75
D. C. 70

Blackburn (cont.)
James H. 101
James M. 60
Margaret 107
Mary 84
Meredith 2
Nancy 38
William H. 34, 49
W. M. 72
Blain, A. M. 31
Blair, R. C. 103
Blanchard, M. I. 74
Blankenship, John C. 14
Blewitt, George L. 11
Blick, Martha L. M. 4
W. P. 13
Boatright, Ann 12
Boatwright, Mary 109
Bobb, Jane 23 (See also BABB)
Bobbell, John 37
Bobbett, James 53
Martha 19
Nancy 4
Rebecca 64
Sarah 41
Bobbitt, Rebecca 44
Bobo, Elizabeth 35
Frances A. 35
Bodine, Ider 43
Body, Nancy 49
Boisseau, Virginia M. 94
Boiswell, Judian I. 76
Boleyjack, Emily 49
Booker, M. V. 71
Noah 41
Polly 59
Rebecca 43
Boon, Azariah B. 8
Border, L. R. 89
Borders, Eliz 18
Boren, Bailey 5
Bazel 25
Eli 49
Elizabeth (Miss) 5
Kerziah 8
John 20
Nancy 52
Richd. A. 47
Varary 8
Borin, Lucinda 41
Borren, Nancy Catherine 106
Borthick, John 43
Bostic, M.J. 47
Bothick, Sarah J. 99
Bothink, John 1
Bottom, J. A. 49
Bough, John A. 74
Martha Ann 27
Boune, Sallie I. 88
Bourn, Alexander 44
Bourne, Elizabeth 31
John 26
Bowen, J. C. 103
Bowers, Jane 51
John 29
L. D. 45
L. V. 60
L. W. 111
Sarah 19
Sarah J. 111
W. J. 101
Bowie, John 24
Bowlin, B. 54
Bowling, D. H. 107
Susan 23
Bowls, Elizabeth 25
Sarah S. E. 87
Boxe, Louisa 111

Boyd, Coleman 77
Frances 66
James 6
Martha 44
N. I. 110
Susan 25
Virginia 104
William 7
Boyder, William H. 22
Boyers, Frances A. 22
Boyles, J. H. 99
Martha M. 109
Bozworth, Rachel 82
Bracy, Martha F. 104
Brack, Ge. 64
Bracy, Angeline 77
Benj. P. 35
Martha E. 95
Saml H. 35
Thomas W. 14
W. L. 86
Braden, Ann E. 70
Mary E. 91
Bradford, Larkin 87
Z. A. 76
Bradley, Benj. W. 5
B. H. 110
Charles 44
Elizabeth 73
J. J. 46, 48
John G. 51
Mary H. 80
Nancy 13
Philander D. 84
Bradshaw, R. H. 105
Brain, Joseph 38
Brake, James 7
Brakefield, B. 52
Byram 9
Harriet 25
James 59
Jesse 30
Katherine 26
Martha 55
W. 54
Wm. 4
Brakfield, Byram 79
Elizabeth 30
George 102 (See BARKFIELD)
Harriet 83
Joseph 83
S. A. 93
Brandon, Martha 69
Brankley, Wilson 24
Brannon, Susan 84
Bransford, Wesley 109
Branson, Withbaler 17
Brashear, M. R. 9
Brasier, Isaac 26
M. 63
Braswell, Mary E. 105
Vincent 55
Wm. 62
Braves, Jemina 6
Brazier, Priscilla 65
Bray, Samuel 2
Breakfield, Sarah 13
Breeves, Angellette 111
Brewer, Amanda E. 89
Anney 10
Ed. 32
Edward 31
I. N. 80
James 10, 15
John 14
L. B. 67
Louisa 53
Margaret 112

116

Chapman (cont.)
Susan 50
Sarah J. 25
Chard, Columbia 101
Chastain, Joseph L. 28
Chasteen, M. J. 48
Chastene, Virginia 11
Chastine, Mary A. 88
Chaudion, Henry 52
Joel 16
Lucinda 38
Sarah A. 52
Cheatham, Elizabeth 94
Martha W. 36
Susan L. 12
Cheek, Catherine 30
Cherer, Mary A. 91
Cherry, William 25
William N. 38
Cheser, Mathew W. 9
Chesser, Lutilda 65
Chewning, Nancy 61
Chiam, M. E. 50 (See CHISM)
Chilton, A. 32
Eliza 89
John W. 89
Levi A. 32
Mary 27
Chism, M. E. 50 (See CHIAM)
Sarah 108
Walter A. 39
Chisum, Mary A. 71
Choat, Drusilla 37, 38
Edward 37 (?)
Edward 37 (?)
Elizabeth 28
Gabriel 10
G. E. 112
Harriet 50
Icevilla 91
John 8
John W. 89
Lucy 22
Martha 15
Martha A. 26
Nancy 31, 32
Polly Ann 59
Pricilla 75
Stephen 60
Thos. J. 30
William 85
Chowning, F. E. 87
John 37, 38
Lemuel 58
M. A. 50
Martha 10
M. E. 52
R. 32
Wm. T. 28
Christmas, E. 55
Clark, Caroline Ann 60
C. L. 75
Edward G. 44
Elizabeth 31
Elvin 65
Harriet E. 18
Jasper N. 75
Jesse 54
J. I. 77
John 26
L. A. 58
M. A. 48
Martha 27
Martha M. 75
Mary M. 103
Medora 78
Sary I. 56
Susan 71

Clark (cont.)
Tempty 68
W. A. 49
Clayton, Daniel 48
G. B. 73
L. C. 62
Lucy 15
Nancy 70
Richd. L. 27
W. H. 50
Clenton, Rebecca 28
Clerk, L.V. 58
Clevenger, John 20
Clifton, G. W. 111
Clinard, Arrilla L. 28
B. C. 45
Bradford 12
Brown 100
Eliz. 48
James A. 86
John 39
Josiah 108
Lewis 6
Madora A. 111
Malinda 12
Mary A. 107
Nancy 101
Sarah 85
Simeon 78
William, 82, 107
Clisson, Jesse 66
Cloud, Samuel O. 57
Clurane, Rober H. 23
Coats, Nancy W. 57
Cobb, Catherine S. 109
Joseph 68
Josephus 98
Louisa 78
M. A. 47, 55
Mary M. 103
M. D. 10
N. A. 59
Nancy J. 90
Susan 51
Thomas C. 43
W. F. 51
Cobbs, William A. 36
Cochran, John W. 57
Mary 57
Nancy 90
Cockran, Martha A. 7
Martha A. M. 88
Coffman, John 83
John N. 96
Coghill, Ambrose G. 27
Cohea, Alexander 86
H. 63
Nancy Ann 81
Perry 63
Cohee, Green W. 32
Coke, Mariah 54
Colbren, John 64
Cold, Della 24
Cole, Amanda J. 58
Andrew J. 55
Champ T. 8
Crawford 14
Elizabeth 46
E. T. 55
Henderson 5
Jane 94
Jas. F. 107
J. B. 84
J. M. 42
Louisa 107
Malinda 5
Matilda 15
Matrisa 92

Cole (cont.)
N. M. 42
Stephen 42
Thos. 110
William 86
William A. 107
Coleman, Edward L. 41
H. E. 97
James I. 58
M. L. 52
Nancy C. 110
William L. 11
Coles, Isaac G. 104
Colley, F. C. (Mrs.) 111
Collins, Jane R. 100
Colthrop, E. Z. 97
Compesry, Mary 56
Conaway, Eliza 9
Condway, Penelope 61
Coney, Patrick 26
Conn, E. A. 64
Connel, E. J. 64
Connell, Francis W. 31
Jacob 43
Mary 8
Mary E. 66
Mary T. 91
Nancy 35
Sarah J. 36
W. W. 86
Connelly, L. J. 36
Conner, James M. 79
Martha A. 94
Conrad, M. E. 27
Minerva 39
Considine, Thos. 96
Conway, C. 62
Henderson H. 87
Saml. 78
Cook, A. C. 99
Alexander C. 14
Andrew J. 76
Clarissa 49
David 30, 50
Eli 102
Eli T. 30
Elisa L. 36
Elizabeth 73
Ellis P. 6
Elvina 73
Emily C. 81
Hannah 26
James 18
John 15
L. P. 50
Mary Ann 78
Pleasant 87
Robert G. 71
Sarah M. 36
Sophrona 104
Stokley 77
William A. 68
Cooksey, L. B. 104
Cooley, W. J. 81
Coon, John 11
Cooper, James
Malvina 19
Copeland, Elizabeth 110
John M. 23
Corbin, Mary 26
Corbitt, David W. 87
Corbwin, Malinda 11
Cordel, Jno. W. 47
Cordle, Eliza F. 90
Corner, Jennetta 84
Cory, Robert 107
Cothan, Susan T. 5
Cothern, Daniel 12

Cothran, Rebecca L. 23
Coursey, Chasteen 25
Couts, A. B. 92
   Archer B. 38
   Elizabeth 5
   J. A. 31
   Jno F. 53
   Martha J. 38
   Mary 84
   S. A. 45
   Sallie M. 88
   Sophia G. 79
   Tabitha 18
   W. H. 65
   William 41
Covington, Ann 24
   Charlotte 102
   C. S. 89
   Henry L. 36, 38
   J. A. 92
   Jacob F. 90
   M. L. 26
   Polly 8
   R. M. 104
   S. S. 75
   Winnery 87
Cow, Wm. G. 25
Cox, Narcisse 24
   Sebrina A. 6
   William 44
   Wm. 25
Crabtree, Amanda E. 41
   Benjamin 16
   Carline 43
   Elizabeth J. 25
   Jacob 88
   James 88
   Mary O. 99
   Matilda J. 89
   Nancy A. 108
   Rebecca 5
   Rebecca A. 68
   Thomas 40
Crafford, Elizabeth 12
   James 26
   James H. 68
   John 10, 55
   Jno. L. 43
   Jno. W. 35
   Julia 70
   Lucy A. L. 36
   Margaret 43
   Martha 2
   Martha A. 22
   Susan 73
Crafton, James 74
   Mary Jane 72
   Rebecca Ann 84
Craig, David 111
   James C. 65
   James T. 10
   S. L. 93
Crain, Buswell J. 2
Crane, Elizabeth 29
Crasslin, William 102
Crassline, Matilda 82
Crawford, A. E. 58
   C. W. 76
   Elisabeth 34
   Ellen F. 79
   James L. 27
   Jane 2
   Julia 15
   Martha 39
   Mary J. 26
   Sarah 19
   Sarah C. 65
Creekmore, Tabitha 25

Crenshaw, Benjamin O. 28
Crewdson, Geo. 43
Crickmore, William 93
Criswell, Francis C. 70
Crocker, Henderson J. 57
Crockett, Jackson 17
   James 3
   J. W. 73
   Matilda 16
Cromwell, M. E. 104
Cross, David 92
Crossline, Catherine 96
Crothran, Mahala D. 80
Crowder, Thomas 69
Crunk, Anna 60
   Mary E. 83
Crutcher, Caswell 1
   George 34
   Inisey 60
   John 1
   Julia M. 75
   Mary S. 98
   Thomas 36
   T. P. 54
   William 29
Culbeeston, James 87
Culbertson, John W. 97
   Sarah 96
Cummings, Elizabeth 91
   G. C. 53
   Henry 23
   William 82
Cunningham, Sarah E. 41
   W. F. 73
Curd, John C. 20
   Knight 84
Curenberry, Thomas 43
Dalton, Ann 3
   S. A. F. 111
   S. W. 88
   Tolbert L. 11
Dame, Milton 103
Dammon, Mary F. 103
Dancy, Nancy T. 8
Daniel, Elizabeth 33
   Rebeca M. 37
   Stephen H. 33
Daniels, R. B. 107
Danks, Clemantine 77
Danley, Jerome 83
Dannington, Ephriam M. 83
Darden, Cornelius 45
   D. 96
   Elily 44
   I. H. 63
   J. A. 104
   Jacob H. 48
   James 103
   L. J. L. 45
   Martha M. 43
   Mary Ann 74
   Mary J. 17
   P. L. A. 49
   Ruthia 17
   S. M. 51
   Thomas M. 97
   V. A. 63
   Virginia L. 77
   W. J. 110
Darham, Mary Ann 82
Dark, Sarah 14
Dates, Frances J. 63
Daub, Asa 51
   Martha 33
Daubs, Lucina 10
   Luvecea 9
Daugherty, George W. 34
Daughorty, Kerziah 25

Daughtery, Elizabeth 59
Davet, Hanora 96
David, James L. 77
   Sally A. 74
   Sarah 95
Davidson, A. D. 44
   John 80
   Martha J. 85
Davis, Eliz. A. 53
   Eliz Ann 15
   G. W. 64
   Jesse 23
   Jesse M. 10
   J. H. 45
   John T. 12
   J. T. W. 108
   Levi 33
   Mariah T. 69
   Martha Ann 68
   Martha L. 55
   M. E. 47
   R. A. 57
   Richard A. 59
   Sampson 90
   Sarah B. 6
   Susan E. 94
   Susan F. 97
   William L. 19
Dawson, George P. 28
Dean, Amanda E. 3
   John M. 31
   John W. 36
   Julia Ann 6
   Lucinda 20
Debauport, Thomas 46
Deen, Elijah 21
   John M. 38
   Mary J. 49
   Wm. R. 22
Demumbre, Andrew J. 100
Demunbro, R. S. 74
Denning, Grandville J. 19
Denton, Eliza M. 22
   Mary E. 40
Depper, John 3
Derrett, Clabourn 21
   William 100
Derryberry, A. E. 67
Dick, Herman H. 25
   Katherine 22
Dickerson, B. W. 86
   Dicy 57
   Jane 56
   John 56
   J. W. 62
   Louisa 57
   Mary 15
   Mary Ann 77
   Martha 56
   Sarah A. 102
Dickinson, Charles 107
Dillard, Eliza 73
   Elizabeth 72
   Jane 82
   L. F. 90
Dinning, Martha 31
   Nancy Ann 39
Dishman, Daniel G. 27
Dobbs, Ann Eliz. 23
Doe, Ophelia 111
Dolton, Alford 18
Donaldson, S. C. 71
Donnell, Bridget O. 105 (?)
   Bridgett O 106 (?)
   Connell O 105 (?)
   Connell O 106 (?)
Donelson, A. Y. 96
Dorris, A. 58

Dorris (cont.)
Ann 49
Archer S. 18
Caroline 80
Cornelius 59
Eldnage W. 17
Elender 100
Eliz. 28
Eliza 10
Elizabeth 1, 58
G. W. 70
H. 35
H. D. 99
Isaac C. 75
James 29
James J. 72
James W. 58
John P. 61
Josiah M. 55
Louisa 4
M. 64
M. A. 62
Marly 11
Martha 54, 101
Meredith 1
M. J. 101
Nancy 24
Pheby 18
Robinson T. 6
Sarah D. 21
Stephen J. 43
Susan 23
W. A. 81
Wesley S. 81
William 49
William P. 3
William W. 100
W. L. 19
Doss, A. 111
Azariah 92
Elsunda 57
James 34
Joel R. 38
L. E. 57
Loucinia 23
Milly 24, 68
Samuel A. 34
Sarah 44
T. J. 111
William R. 8
Wm. 52
W. W. 97
Dotson, James C. 88
Lydia 2
Doty, Nancy A. 92
Douglas, M. J. 74
Nancy 80 (See DRAUGHON)
Douglass, Mary A. E. 69
Douthett, S. E. 4
Doughtry, Bryan 2
Dover, J. D. 16
Dowlan, M. V. 66
Dowlen, John G. 10
L. J. 52
Lurana A. 37
Martha 17
Rachel 42
Surdna A. 36
Urcilla 82
Dowlin, Martha V. 93
Doyal, C. 55
Elizabeth 85
Manda 7
William R. 50
Doyel, James H. 59
Doyle, Dicy J. 94
Harriet L. 81
Thomas 107

Dozier, Amanda M. 97
Cheatham 91
E. A. 57
Rebecca 98
R. P. 68
Drain, Thomas H. 8
Drake, Albrittian M. 14
Benj. F. 52
Catherine 47
J. M. 111
Mary E. 100
R. N. 67
Drane, Caroline 76
H. D. 101
Martha E. 96
T. J. 110
Draper, Noah 50
Draughn, Wm. 46
Draughon, Adeline 86
E. 43
Geo. E. 18
H. C. 96
James 54
James W. 7
Jesse B. 104
Lucinda 25
Martha G. 67
Mary 34
Mathew J. 58
Melissa J. 94
Miles Jun. 60
M. L. 54
M. W. 65, 103
Nancy 80 (See DOUGLAS)
Prudence 49
Rebecca 39
Robert V. 81
Virginia A. 102
W. C. 62
William 15
Willie L. 75
Draughton, G. W. 103
Drecony, Warren 28
Dudley, John A. 17
Duer, John A. 7
Duke, John 35
M. A. E. 72
Sarah A. 21
Dumumbrane, Mariah 6
Duncan, Frank 66
James A. 58
William 73
Dunn, Aramiscia 51
Arrena 80
Celantha V. 3
Dorcus P. 79
George 42
Hannah 52
Harriet 69
Henry 60
James F. 105
James S. 89
Janes S. 79
John H. 66
J. R. 88
Katherine A. 7
L. 62
Lucinda 93
Martha J. 54
Martha T. 56
Nancy A. 70
Nancy J. 36
R. T. 42
S. A. (Susan Ann) 42
Sarah M. 37 (?)
Sarah M. 37 (?)
W. I. 80
William J. 42

Dunnington, Roxana 97
Durham, Anny 32
John Thomas 6
Nancy D. 14
Rosannah 49
William 79
Zachariah 56
Durrett, Argail 94
E. L. 48, 78
J. T. 19
S. C. 61
Duval, M. B. 28
Dycas. F. E. 42
Dycus, Mary J. 70
Nancy 95
Earl, Tabitha Cumie 44
Easley, Drury 14
Francis P. 44
Geo. W. 21
Martha J. 31
Mary 38
Millington 15
M. J. 104
Wesley 38
Eatherly, J. M. 63
Lourinda 23
Eckles, J. A. 79
Eddings, Joseph 5
Temperance 36
William 58
Eddy, Samuel 89
Edison, E. B. 72
Emily W. 73
Martha A. 100
Thomas C. 91
Edmond, Sarah A. 26
Edward, John W. 27
Martha 3, 34
Mary A. 38
Edwards, Abner 9
B. W. 48, 80
Clayton T. 57
Edward G. 111
Elizabeth R. 38
James 6
Janes 77
Jonathan 61
Joseph J. 71
L. F. 98, 107
Malone 20
Margert 79
Mary 89
Mary E. 106
M. B. 4
M. W. 93
Meredith L. 38
Narcissa 80
Oliver 24
Polly 48
Rebecca M. 13
Susan 83
William 39
William H. 78
Egmon, Bartholemew 8
Egmond, Mary Jane 101
Eidson, Eliza R. 37 (?)
Eliza R. 37 (?)
James E. 94
Thos. J. 106
Eiser, A. W. 72
Eisson, Isiaeh 35
Elks, Noah 56
Elleson, Andrew 26
Ellia, Louisa 30 (See ELLIS)
Ellimore, Reuben 15
Elliott, Alphous 13
Frances 50
James H. 67

Elliott (cont.)
  John R. 35
  Martha F. 88
  Mary A. E. 75
  M. W. 72
  Roena 87
  Saml H. 12
  Sarah E. 103
  William H. 105
Elliotte, F. 54
Ellis, Louisa 30 (See ELLIA)
  Margaret Jane 88
  Mary E. 68
  Susan W. 88
  Zelphy J. 15
Ellison, Charles 107
  John 43
  Lucy E. 78
  Nellie 110
  Susan 33
  Susan E. 111
Ellmore, Lucy 95
  Martha 18
  Nancy 18
Elmore, G. C. 108
  John 74
  Mary J. 43
  Nancy D. 52
  William 96
Elnon, Elisabeth 34
Elum, R. H. 98
Ely, Quincy Adams 74
Emmery, Mahaley 8
Emmit, Marie L. 2
Empson, L. D. 100
England, C. N. 81
  Delila 27
  Frances 78
  James M. 101
  Jasper 91
  John F. 69
  Louisa 17
  Mary 79
  Mary J. 71
  Minie F. 109
  M. J. 32
  Nancy 4, 110
  William 14
Engler, William 46
Ennis, J. 48
Epps, F. B. 83
Ervin, Amanda 69
Erwin, Anderson 40
Escue, Amanda 70
  Mary 46
  William 70
Esura, Nancy 53
Etherage, Lovey 11
Ethridge, Obadiah 85
Ettinage, Charlotte 25
Eubank, Charlott 66
  E. 62
Evans, Aaron 99
  Alvis 95
  E. E. 24
  E. P. 67
  J. M. 109
  Mary E. 2
  William 2
Everett, E. 61
  Williard 13
Ewing, Martha 64
  W. 47
Fairfield, Saml 94
Farharty, Winney 95
Farless, Elizabeth 60
Farley, Cassander 14
  Robert T. 69

Farmer, Anna Lurie 105
  Delila 36
  Florence 84
  George 33
  George W. 60
  Henry L. 23
  Isaac 3
  Jane 109
  J. H. 97
  Joseph 39
  Josiah 56
  Louisa 71
  Lucy W. 31
  Martha 6
  Martha J. 106
  Mary 88
  Mary A. 13
  Mary B. 39
  Mary E. 33
  Mary J. 34
  Matilda E. 22
  Milly 60
  Nathaniel 46
  P. S. 91
  Rufus E. 90
  Sally 61
  Sarah J. 104
  Thomas H. 2
  W. B. 82
  William B. 10
  William H. 5
  Willie T. 82
Farthing, A. 63
  Amanda F. 93
  Coleman 19
  Ephraim 1
  James 54
  Jane 12
  John B. 14
  Martha 14
  Milly 25
  Pether 39
  Polly 8, 28
  Reuben 33
  Reubin 68
  Simon 29
  William 60
Faullin, Elizabeth 83
Featherson, Henry D. 34
Featherston, Addline 10
  Burrel 71
  David 73
  Geo. W. 16
  H. D. 47
  Joshua W. 23
  Mary F. 42
  Sarah C. E. 10
Felts, Amos G. 52
  E. C. 51
  Eliza Ann 66
  Elizabeth J. 86
  John L. 74
  Joseph 40
  Joseph W. 58
  L. F. 64, 93
  Martha A. 16
  Martha E. 86
  Martha I. 65
  Mary Ann 76
  Mary C. 44
  Richard B. 33
  Robert D. 4
  Roberts 39
  Susan D. 86
  W. E. 46
  W. I. 81
  William 8
  William E. 82

Felts (cont.)
  William W. 70
  Wm. W. 45
  W. W. 49
Fentress, James B. 92
Ferguson, John W. 68
  William T. 85
Ferrel, Lucinda 4
Fillart, Karnice 64
Finlay, James M. 20
Finn, John A. 28
Fiser, A. M. 104
  Demuel 6
  Emeline 12
  James 42
  Joseph H. 6
  L. T. 65
  Nancy H. 83
  Sollomon 36
  Solomon 16
  Susannah M. 30
Fisher, Angeline N. 96
  David 71
  Geo. F. 39
  Hillery 53
  James 57, 107
  L. A. 53
  M. K. 45
  M. L. 108
  Nancy 83
  P. M. 31
  Richd. 5
  Sarah E. 78
Fitzhough, Rebecca 28
Flaheety, Margaret 98
Fleppen, Eliza F. A. 99
Fletcher, Frances 33
  Harriet 99
  Henderson 16
  James 107
  Leroy 5
  Louisa 30
  Mary Ann 105
  M. E. 96
  Minerva A. 106
  Olive 39
  William 63, 105
Flood, David 53
  Elizabeth 53
  John 17, 40
  Joseph W. 5
  Mary 71
Flowers, Ruffin S. 60
Follis, Martha 72
  Sarah D. 34
Foot, Narcissa 87
Foote, Richard N. 22
  Wm. N. 54
Foots, Wm. N. 52
Forb, Virginia 5
Forbes, Joseph J. 74
  Martha F. 49
Ford, Eliza F. 107
  Malvine P. 90
  Mary 95
  Mary A. 28
  M. B. 104
  Paterick 9
  R. L. 111
  Rose Ann 96
Forde, George 16
Foreman, William 90
Forister, Nancy A. 14
Fort, Catherine D. 82
  David J. 39
  E. L. 103
  Elisha P. 35
  Elizabeth 54

Fort (cont.)
Jackson 105
Joseph W. 14
J. T. 103
Martha F. 32
M. D. 95
Mildreth 112
Piety H. 108
Sugg 93
Susannah C. 58
Forte, Olive 6
Fortner, Moses E. 54
Fortune, M. A. C. 63
Priscilla J. 29
Foster, Emily 46
Thomas 21
W. L. 12
Fountain, Lucy J. 59
Martha E. 68
Fountaine, M. A. 103
Fowler, N. A. 100
Tabitha 104
Fraiser, Howell 30
Franklin, Amanda W. 96
J. 52
Jeremiah 54
Margaret 55
Fraser, Daniel J. 89
Isaac 77
Mary I. 77
Frazier, Leonard 33
Frederick, S. A. 36
Fredrick, John 36
Freeland, Eliza Jane 84
Mary E. 104
Freeman, Harriet 38, 57
James Y. 95
Joseph I. 64
Martha 48
Mary M. 105
Mathew 48
Nancy (Miss) 5
Freland, E. S. 73
Samuel S. 80
Fresh, Lucy 24
Frey, Adam H. 60
And. J. 65
Avalina 54
Catherine A. 83
E. H. 62
Geo. W. 52
James P. 109
J. N. 102
John M. 80
John N. 20
L. 62
Louisa 78
Manervia Ann 78
Marthy P. 97
Martin 82
Mary 19
Mary A. 95
Mary Ann 21
M. V. 102
Nancy A. 15
Sarah A. 28
Simeon 49
Susan 17
Susan C. 103
Susan K. 19
Thomas 12
W. L. 59
Zerilda E. 78
Frizzell, James H. 104
Frizzle, Robert 20
Fry, America N. 76
F. O. A. 67
Sarah I.

Fry (cont.)
W. W.
Fryar, Susan E. 92
Fryer, Nancy 88
Saml. D. 84
S. J. 87
Fryor, Amanda E. 99
Fulton, Mary A. 56
Fuqua, John W. 89
Joseph 67
Margaret 79
Mary Ann 91
Mary C. 92
Saml. 12
Sarah Jane 109
Thirsey 107
William 107
Fuquay, Jomima 27
Fyke, Jas 32
Jeremiah 8
John P. 34
Joshua 39
Mathew V. 14
Fykel, Syntha Mae 9
Fykes, Susan 22
Gagle, Mary G. 51
Gaines, Mary 43
Gains, A. C. 50
Gainus, Amanda 101
Elizabeth 111
Gallaher, Mary E. 108
Gambill, Benjamin 80
Benjamin F. 92
D. J. 112
G. A. 81
John 38
John W. 89
Mary 9
Wm. J. 56
Gampton, G. H. M. 79
Gannon, Charles D. 103
Gardener, Martha Ann 35
Gardner, E. H. 67
L. A. 23
Louisa 60
Martha 51
Mary E. 110
Thomas H. 35
W. M. 34
Garland, K. I. 96
Garner, John E. 4
Garratt, Rachell P. 99
Garret, George H. 67
Garrett, Edward C. 12
John 72
W. W. 72
Garth, W. C. 112
Gatewood, Harriet N. 84
William 76
Gee, A. J. 109
Gent, Martha 74
Gentry, Jane 16
William 10
George, Catherine M. 80
James 104
Priscilla E. 80
Sarah 102
Gettlebeel, Samuel 40
Ghurt, Charles 13
Gibbs, John M. 104
Gibson, E. A. 46
Elizabeth G. 86
Lucy 16
Mary A. 93
Gilbert, James 52
L. J. 51
Mary A. 30
Nancy 94

Gilbert (cont.)
Saml 23
Wm. O. 22
Gill, Geo. W. 42
Harriet E. (Miss) 106
Margaret J. 102
Martha E. 33
W. W. 89
Gillaspy, Lucinda 26
Gillem, J. L. 54
Gillim, E. M. 46
Gillum, Mary E. 104
Samuel 47
Gingo, Malinda 61
Gish, Mary E. 85
Givvins, Oylann 12
Glidewell, James 31
Glidwell, Warren 99
Glisson, Hardy W. 85
Mary 100
S. A. 101
Glover, Deletha 27
E. W. 75
Isiah 69
James W. 77
John 52
Julia 73
Marina O. 15
Mary A. 91
Mary E. 100
R. G. 68
Robt. F. 92
W. G. 64
W. W. 108
Godard, Eliza 70
Goddard, John W. 20
Gooby, Susan 57
Gooch, C. S. 56, 111
Franklin R. 23
J. C. 56
Lucinda E. 72
Nancy L. 78
Rebecca C. 23
Goocha, Mary E. 23
Gooche, Ardra H. 18
Good, Jacob 27
Noah 9
Goodman, James C. 44
M. C. 86
Goodrum, Thomas B. 91
Goodwin, Green B. 40
Gorden, Alexander 25
Gordon, James W. 101
L. A. 58
M. F. 92
William W. 69
Gorham, Arena C. 76
Derias 52
Jackson (General) 64
John W. 20
Laura 12
Martha V. 90
Mary E. 91
Nancy C. 110
P. 47, 50
Richard 95
Susan M. 68
Gorrell, L. L. 47
Mary F. 98
Gosset, W. C. 31
Gossett, B.A. 47
B. F. 99
Jackson 84
Missouri C. 99
Sarah J. 29
W. J. 61
Zelica V. 69
Goulding, Lucy A. 28

Gower, James W. 18
  Larkin 10
  Williams E. 49
Gowing, A. 62
Graham, Elli 29
  John 20
  Wm. W. 13
Grainger, Hiram G. 84
  M. E. 48
Granger, W. W. 63
Grant, Dave 21
  Elizabeth 35
  Joseph 12
Grason, Julian 30
Grass, James 84
Gravel, William 99
Graves, Aurelis D. 40
  E. M. 109
  John 74
  Samuel A. 13
  William D. 37 (?)
  William D. 37 (?)
Gray, Saml. 86
Grayon, E. J. 62
  W. H. 46
Grayson, Margaret A. 70
  Susan C. 89
Green, Adaline A. 14
  Ellen 105
  Isade 34
  John T. 44
  Julina 52
  Martha 30
  Mary A. M. 16
  Mary J. 26
  Milton 69
  Rachel C. 78
  Robert 103
  Robert J. 59
  Sally C. 60
  Susan C. 92
  Thomas L. 101
  V. A. 58
  W. H. 59
Greer, Ann R. 17
  Greenberry 17
  Jennetta Elizabeth 105
  Mary R. 104
Gregory, Mary C. 9
Gressam, M. F. 95
Griffeth, Sarah 34
Griffin, James C. 45
  John 11
  John A. 10
  Margaret E. 39
  Mary Ann 105
  Reuben 3
  Wm. I. 78
Grimes, F. M. 61
  Jesse 7
  Mary 92
  Mary F. 88
  Rhapsy 10
Grise, Ginory 106
Grisham, John 1
Groves, Bennett 25
  James 31
  Louisa 90
  S. A. 48
Grow, Martha 54
  William 86
Grubbs, E. P. 64
  F. W. 53
  John W. 90
Guerin, David O. 20
Guest, Ebenezer 24
Guill, Barnet 80
Guinn, Ellen 99

Gullage, James 28
Gullege, Mary 23
  William F. 18
Gumbaugh, J. B. 28
Gunn, Barbary E. 1
  Elizabeth W. 57
  E. M. 74
  Frances 90
  Graves 44
  Griffin 59
  Harriett 63
  Jane M. 19
  John A. 83
  Joseph 84
  Martha A. 106
  Martha P. 23
  Mary E. 28
  Mary F. 66
  Mary G. 3
  Phebe G. 15
  Rhoda A. 41
  Shadrick 8
  Susan 5
  Thomas 15
  W. T. 102
Hacker, H. D. 97
Hackney, Margaret A. 65
Hadett, H. S. L. 30
Haggard, William H. 12
Halcomb, Julia 65
Hale, B. N. 88
Haley, Agness 17
  Paschal 57
  Susannah 11
Hall, Carina 105
  Eliza J. 43
  James 9
  James H. 53
  Jane F. 57
  Jesse B. 35
  Jno. W. 92
  Jordan W. 25
  Joshua 36, 37
  Marcus 19
  Mary F. 98
  Polly 2
  Sarah E. 24
  William A. 35
  Willie 14 (See WILLIE)
Halloway, Chest. 69
Hallum, James B. 1
Halpin, John 87
Haly, Carroll 85
Ham, Susan 71
Hammond, E. W. 71
  M. D. 67
Hampton, Amanda 55
  Amanda E. 85
  Isaiah 9
  Martha 50
Hamson, Amanda 54
  M. M. M. 53
Hanan, Paterick 99
Hancock, Eliz A. 14
  Wm. 25
Hannam, Carline 31
Hannum, Perry 93
Haraway, Sarah A. I. 78
Harbeson, Nancy Emeline 5
Harbison, Ann Virginia 21
Harcrider, Jacob 82
Hardaway, Eliza A. 93
  Susan R. 77
Hardin, J. H. 100
Hardison, Jane 17
Hardnall, William S. 101
Hardy, Nancy 57
  N. J. 85

Hardy (cont.)
  Sarah I. 10
  Sarah J. 11
Hardyman, John 22
  Samuel 26
Harmon, Nancy 7
Harper, Asa 70
  Benjamin 27
  Caroline 100
  Elizabeth H. 2
  G. W. 109
  James B. 109
  Nancy 29
  S. A. (Synthia) 46
  William C. 33
Harrell, E. J. 36
Harrington, M. W. 86
  Nancy (Miss) 5
  Philip 37
  Phillip 37
Harris, Delila 75
  E. 49
  Eliza 22
  Elizabeth 44
  Geo. L. 66
  James 33
  James H. 39
  James W. 72
  James T. 3
  Jane 6
  J. H. 67
  J. L. 102
  Joel 60
  John T. 9
  Lucy A. 94
  M. 64
  Mar_____ (?) 74
  Martha 79
  Martha A. 59
  Mary 76
  M. J. 83
  N. 61
  Nancy L. 11
  Polly (Miss) 5
  R. A. R. 64
  Rosanna 40
  Sally 47
  Sarah E. 57
  Susan 55, 59
  Thomas B. 72
  Tollsberry 52
  W. J. 51
Harrison, Amanda 52
  Hannah 40
  Henry 41
  H. V. 86
  J. B. 63
  John G. 73
  Louisa J. E. 22
  Margaret J. 58
  Martha A. 60
  Mary 55
  Nancy 47
  Orville 80
  Sally 14
  S. V. 52
  Wm. B. 29
Harron, Eli T. 52
Hart, Amanda M. 6
  Annis W. 65
  Calvin 33
  Carline 27
  Mary A. 104
  Sophia 71
Hase, Cornelius 22
Hastins, Sarah 8
Hatchell, James 41
Hawkins, Abiah 86

Hawkins (cont.)
  Louisa T. 44
  Mary C. 103
  Susan P. 73
  W. 62
Haydon, Katherine 17
Hayes, Julia J. 60
Haynes, Jos. 74
Hays, J. 48
Hazle, George 18
Head, Catherine 67
  Geor. R. 71
  James 85
  J. W. 64
  Lucinda 33
  Mary 101
  Milly 18
  Sarah 61, 105
  Wm. H. 108
Heath, Louisa M. M. I. 25
  Margaret 94
  William H. 16
Heatle, Nancy 10
Heffman, Robert 99
Heiflin, Willie 18
Helms, Rebecca 26
Helsom, O. E. 63
Henderson, Adeline 79
  Harriette E. 37, 40
  John 22
  Nancy C. 109
Henkle, James M. 83
Henkley, Mary K. 96
Henley, D. D. 99
  Martha A. 23
Henly, Azariah 1
Henry, Ally 31
  Asa Dobbs 2
  Cordelia 6
  D. 47
  Daniel 45, 49
  E. 42
  Hugh 107
  John M. 20
  Laura V. 100
  Lemuel J. 3
  Leroy 82
  Maranda 29
  Matilda M. 18
  Minerva 97
  R. S. 78
  T. M. 63
Hensle, William 78
Henson, Sarah 91
Herals, Polly 5
Herandon, Geo. T. 29
  James W. 30
Herendon, Tho. M. 20
Hermans, Theodore 24
Herndon, D. C. 70
  John B., Sr. 74
  M. J. 25
  P. E. 70
Herring, A. H. 54
  Ainsey C. 32
  Elizabeth 2
Herrington, Louisa 81
  P. I. 92
Hetterbram, Sarah 13
Heysmight, Henry 77
Hickman, Nancy 93
  Polly Ann 98
  Rachel 10
Hicks, J. Y. 91
  R. K. 17
Hide, Katherine 17
Hiett, James M. 97
Higgs, Judith 35

Higgs (cont.)
  M. C. 108
Highsmith, J. H. 107
  Sarah M. 109
Hight, Ann 32
Hightower, Katherine 7
  Thomas J. 10
Hill, E. C. 110
  Eliz. A. 28
  J. T. 50
  Mary E. 112
  Polly 107
Hilliard, A. F. 98
Hindman, S. G. 100
Hines, Danl. C. 93
Hinkle, Jesse 91
  Mary J. 67
  Nancy C. 98
  Peter 90
Hiser, Martha 39
Hitt, Mary 26
Hockersmith, D. C. 77
  G. P. 79
Hodges, Alfred 21
Holeman, Geo. T. 27
  James G. 2
  Margaret G. 24
  Martha J. 26
  Mary G. 34
Holemes, Nancy A. 90
Holens, Sarah 40
Holland, Ann 80
  Beersheby 16
  Benjamin F. 14
  Bennett L. 41
  Celia 92
  Daniel H. 36
  D. L. 109
  Eliza 94
  Elizabeth 39, 53, 85
  Garrett 5
  Jackson V. 74
  James M. 9
  J. L. 11
  John 5, 70
  Josephine 93
  Martha 41, 68
  Mary 20
  M. M. (Miss) 105
  Mosely 30
  Nancy 9
  Nancy B. 16
  N. W. 67
  P. B. 56
  Presely E. 45
  Rebecca 59
  R. M. C. 72
  Selcheat 34
  Susan 22
  Thomas 82
  Thos. 105
  Willie 3
Hollaway, John G. 3, 11
Hollin, B. D. 104
Hollins, Elisha 70
Hollis, Jas. W. 111
  Malinda C. 39, 93
  Mary 84
  N. J. 51
Holman, D. D. 12
  Elizabeth 12
  Elizabeth P. 72
  James B. 106
  J. C. 61
  M. P. 91
  Peruissa 72
  Sebert 93
  William A. 18

Holmes, Angeline 69
  E. 46
  H. A. 43
  Huldah 5
  James C. 73
  James W. 44
  Thos. A. 63
Holt, William 76
  W. J. 87
Homes, Huldy 82
  Margaret M. 87
Honeycut, T. W. 73
Honeycutt, Preston 100
Hooper, Benjamin 52
  B. G. 45
  D. M. 36, 50
  Dosha 61
  Elizabeth A. 35
  Mary Ann 105
  Pleasant C. 28
Hope, L. J. 110
  Patience 22
  Susan 106
Hopkins, W. W. 63
Horton, Emily 102
  John A. 48
  Samuel 19
  Sarah 88, 102
  Z. D. 96
Host, Wm. 111
House, Dempsey 79
  Dempsy 13
  Jacob 9
  James A. 68
  James H. 24
  Mary 75
Houston, Sarah 31
Houtchan, John 33
Howard, Charles 9, 21
  Ellen 109
  Fannie E. 79
  James A. 96
  J. N. 42
  John C. 57
  Lucinda 12
  Mary 50
  Polly 1
  Sarah Ann 9
Howell, Elisabeth 37
  Elizabeth 37
  Thomas 24
Hubbard, James D. 57
  Mary A. 23
  Nancy C. 23
Huddleston, Agness 25
  J. W. 84
  Letta Z. 105
  M. E. 62
  R. E. 36
  Robert 54
  Susan 85
  William 2
  William C. 38
  Wm. R. 60
Hudgens, John F. 28
  Nancy L. 40
Hudgins, C. A. 63
  Daniel 14
  John 36
  Martha A. 48
  Nancy D. 57
  Nancy H. 9
  Sampiar L. F. 27
Hudleston, William 38
Hudson, William 94
Hudwall, W. L. 55
Hudwell, C. H. 112
Huey, Carroll 105

Jones (cont.)
  Stephen 42
  Stephen A. 96
  Stephen T. 85
  Susan 97
  Susan C. 79
  S. V. 63
  Thomas F. 44
  Thos. I. 79
  W. A. 63
  Waddy 46
  W. B. 79
  W. H. 43
  William 51
Jordan, B. M. 101
  Elizabeth 41
  Martha 75
Judkins, Jordon T. 51
Justen, George W. L. 29
Justice, Armstead 44
  E. F. 48
  Eliza S. 82
  Haldah 6
  Jack A. 30
  Nancy 12
  Susan M. 109
Kays, Robert F. 99
Keeler, Jacob 5
Keese, G. S. 93
Keith, Lewis 91
Kellebrew, M. L. 80
Keller, Abner 53
  Emaline 71
  Emily 42
  Henry 59
  Mathew 43
  Rachel E. 92
  Samuel 109
  Sarah J. 103
Kelly, Benjamin W. 23
  Elizabeth G. 58
  Harrison 51
  Lutendy 27
  Paulina 8
Kelton, James 7
  John 36
Kennedy, G. 109
Kenton, James M. 41
Kiger, Danl. 68
  Henry 74
  James L. 46
  Margaret 95
  Martha P. 68
  Mary 38
  Mary A. 107
  William 95
Kilgore, Charles 5
Kimbrough, W. L. 66
King, A. J. 98
  Ann Eliza 88
  Benj. F. 107
  B. F. 109
  James A. 47
  Martha M. 87
  Rosey M. 28
  Samuel 40
  William L. 81
Kingly, George Q. 34
Kirby, Francis 111
  J. L. 51
  Mary 43
  Stephen 1
  William 46
Kirh, Henry 60
Kirk, Joseph 25
Kirtly, James W. 65
Knight, Adalina 20
  James 5

Knight, Joseph F. 29
  Sarah P. 106
  Susan I. 65
Knox, Simon P. 52
Koepf, Charles E.
Krisel, Emeline 56
Krisle, Amanda 80
  John 37
  T. 63
  Wilson 94
Krisles, Louisa 16
Lacey, John H. 40
  Charlotte P. 98
  Hyram 102
Ladbetter, Asa 56
Lamb, John A. 95
Lambert, David 31
Lanaster, Mills H.
Lancaster, A. 46
  James 44
  Minerva 33
Lands, Mary Ann 37
Langanas, Mary Ann 38
Langen, Newton M. 37
Langford, M. A. 29
  Mary 2
  Mary N. 6
  Susan 33
Langston, Shelly 41
  W. B. 71
  William A. 96
Lanson, Walton 94
Laprade, V. E. 80
  Victoria A. 89
Larence, William A. 63
Larkin, H. G. 17
Larkins, Judith 40
Lasiter, Thimothy T. 56
Latimer, Daniel 41
  William 85
Laurence, Joseph 26
Lawes, John 15
Lawler, James W. 6
Lawrason, Elizabeth 83
Lawrence, Ale 3
  Elijah T. 98
  James E. 57
  James M. 9
  John F. 69
  Mary E. 42
  N. 59
  R. C. 61
  Reuben 15
  Wm. J. 43
Leak, Saml. 31
Leake, James 9
  Marsha 85
Leaton, P. M. 58
Ledbetter, John 73
  Mary L. 34
  William 72
Lee, James 24
Lellan, Beady 8
Leonard, Gideon Franklin 24
  Richard 85
LePrade, Melissa A. 60
Leptrick, Emeline 30
Lett, Adeline 105
  Mary J. 86
  Saml. J. 71
Levell, George B. 94
Lewis, Charlotte 3
  Elizabeth 98
  L. 82
  Mary 106
  Mary A. 42
  Wm. 24
Ligon, Stephen A. 58

Ligon (cont.)
  W. H. F. 48
Liles, Polly Ann 33
Limebaugh, Mary E. 9
Linch, Amand 34
Link, George R. 76
  John A. 51
  Matilda 82
Lipford, Lucy Ann 103
  W. E. 108
Lipscomb, A. Jackson 90
  A. L. 29
  Henderson 31, 32
  James 95, 106
  Louisa 39
  Thomas W. 41
  Thos. 48
Lockard, Mary G. 29
Lockert, Clayton 3
Logan, William 91
Long, A. E. 53
  E. J. 21
  Elily 31
  Elizabeth 35
  Elizabeth C. 69
  James H. 74
  Jesse 31
  J. H. 61
  John 47
  John R. 97
  Mary 56
  Mary J. 3
  Meredith 13, 101
  M. M. 14
  Nancy 41, 56
  Sarah 71
  William H. 66
Look, Jane 30
Loulbs, William A. 34
Love, Emeline 16
  L. W. 87
Lovell, George W. 10
  James 96
Lowe, Martha A. 84
  Mary Elizabeth 27
  Rosanna A. 101
Lowell, Thos. 110
Lowry, John J. 57
  Rhoda Ann 85
Loyd, Jonathan 87
Luadth, Susan Ann 37
Lucas, Amanda 77
  Angeline 110
  David M. 61
  Elizabeth D. I. 84
  Louisa 74
  Martha 51
  M. M. 24
  M. (Smith) 61
  William P. 98
Lunsford, A. J. 54
Lurie, M. M. 109
Luster, Isaac N. 65
Luter, Evaline M. 90
  F. M. 88
Lutton, James J. 83
Lyles, Richard 102
Lynn, Pitts 14 (See PITTS)
Lyons, Abraham 24
MacKafee, John 76
Mackey, A. 101
  Alex 111
Madden, Paterick 97
Maddon, Mary E. 60
Maddox, Nancy 35
Maddrix, Mathew 101
Madin, H. T. 58
Madole, Richard B. 94

Menees (cont.)
  Sallie A. 81
  W. H. 81
Merrit, John 28
  Lewis W. 2
  William 22
Merritt, Josephine 87
Merryman, Locky L. 29
Mikey, Huley 33
Mileken, Mary 94
Miles, Eliz. 19
  Elizabeth 8
  Jacob 33
  Mary A. 65
  Polly L. 14
  William 11
Millekin, G. R. 88
Millen, W. A. 111
Miller, Bluford J. 48
  Charles F. 14
  Frances 44
  Jessa S. 36
  Mahala 21
  Nancy C. 95
  Susan C. 94
  William 40
Millican, Elias 51
Milliken, J. K. 52
Mills, John 93
  Wm. C. 24
Mimms, Mary E. 81
Minnick, John 9
Minns, D. S. W. 68
Minoue, Henry 71
Mitchell, B. O. 100
  C. M. 101
  Mary A. M. 17
  Samuel F. 9
  Sarah 10
Mize, Solomon B. 29
Moake, G. W. 45, 61
Moize, Ephram 33
Moizee, M. A. 51
Moon, A. 48
  James 75
  Louesa 54
  M. A. 45
  Martha 41
  Matilda 43
  Rebecca 82
Moor, Frances J. 40
Moore, A. L. 45
  Franklin 32
  Gracy J. 73
  Harriet 8
  Jeremiah 5
  J. F. 71
  John 29
  John C. 92
  John R. 94, 98
  Leah A. 80
  Lydia A. 65
  Macon 60
  Mary A. E. 64
  Nancy 29
  Paterick 77
  Polly 68
  Robert 10, 104
  Sally 5
  Sally A. 33
  Sampson 24
  Scina 64
  Susannah J. 8
  William 84
  Wm. 28
Morgan, John 12
  Martha A. 79
  Mary 74

Morgan (cont.)
  Mary A. 25, 40
  Melissa 32
  Nancy 1, 43
  Sarah Frances 71
  Thites 1
Morris, A. J. 58
  Amanda 59
  Benjamin S. 98
  Elizabeth 67
  George W. 58
  Gideon J. 91
  Isaiah 62
  James B. 48
  James M. 88
  John 80
  John A. 39
  L. W. 98
  Martha Ann 74
  Mary 4, 8, 102
  Mathew 110
  M. T. 110
  Nancy Jane 41
  Pricilla 41
  Rachel 41, 45
  Thomas E. 75
  William 66
  Wilson T. 99
  Winny 42
Morrison, Hugh A. 102
  Margaret 66
  Mary K. 70
  O. C. 106
  Rebecca M. 75
Morrow, J. E.
  William F. 40
Morrus, Jackson 38
Mosely, Wm. H. 19, 20
Mosley, E. R. 80
Moss, Elanor L. 107
  Eliza 6
  James 10
  James C. 83
  Mary A. E. 85
Moudy, Abraham 65
  John 110
Moulton, Frederick 83
  John J. 51
  Luantha E. 91
  Wesley W. 15
Mozee, Squire 22
Mozze, Ephriam 24
Muller, Sarah A. 67
Mullory, Mary 99
Murphy, Amanda 85
  B. G. 62
  Bridgett 97
  Byard B. 86
  Dally 60
  E. G. 10
  Eliz 14
  Elizabeth E. 97
  Geo. 18, 73
  Geo. C. 4
  George W. 88
  Hiram R. 13
  J. A. E. 93
  James G. 12
  James H. 41, 61
  James P. 87
  John C. 79
  Lucinda 104
  Martha 59, 72
  Martha C. 93
  Mary 46
  Mary Ann 74
  Mary W. 108
  Pricilla 79

Murphy (cont.)
  Richard 75
  Robert H. 70
  S. 54
  S. A. M. 72
  Samuel J. 53
  S. H. 54
  Thomas W. 82
  W. H. C. 79
  William D. 89
Murrah, Amelia 104
  Charles 9
  Eliz.
  Henry P. 76
  L. A. 97
  Margaret 33
  Mary F. 82
  Robt. B. 74
Murrey, L. M. 62
  N. A. 99
Murry, Jane 36
  Milly 76
  William C. 95
  Wm. B. 64
Myres, Jacob 43
  John M. 8
  Robert N. 45
Musick, Elizabeth 11
Naive, Virginia T. 105
  Wm. W. 105
Nanny, Mary A. 49
  Zelah 22
Nave, Frances V. 64
  James P. 98
  Mary C. 59
  T. M. 55
  William 3
Neal, Napolean B. 19
Neeley, Susan 111
Neely, D. 23
Neil, M. A. 31
  Presley 25
  Rebecca E. 87
Neill, Galbreath F. 27
  G. F. 6
Nelms, Benj. F. 35
  Martha 2
Nelson, William T.
Nevell, Sarah C. 109
Newland, James M. 77
Newman, E. 54
  Harriet 44
  Jas. W. 98
  J. H. 110
  Thomas 22
Newton, Amanda 38
  A. P. 74
  Edward 19
  Eliza 38
  Elizabeth 76
  F. M. 67
  Henry 62
  John W. 6
  Leatha 47
  Mary A. 15
  Mary H. 111
  Oliva A. 13
  Semantha 22
  William E. 98
  William W. 98
  Wm. 13
Nicholas, Martha A. 54
Nicholl, William B. 7
Nicholls, L. B. M. 5
  Mary C. 7
  William A. 6
Nichols, Jane 55
  Martha L. 42

Nichols (cont.)
  Mary Jane 49
  Willis 57
Nicholson, A. H. 82
  Lucretia 79
  Jesse D. 24
  M. A. 52
  Martha A. 67
  Sarah A. 40
Niell, Amanda 29
Night, Mary 55
  W. H. 68
  William 71
Nimmo, James H. 76
Nimo, David 108
Nimro, Martha 12
Nipper, Ellis 56
  R. C. 86
  Richard C. 97
  Thomas 65, 75
Noe, Gustin 11
  Peter 41
  Susan 67 (Nolen ?)
Norfleet, L. L. (Louisa) 50
  Mary E. 77
  Willie L. 3
Norman, Frances 31
Norris, Alexander 69
  C. J. 59
Northington, Maria L. 68
  Samuel H. 35
Nuckolds, Amelia F. 81
  Tempe
Oats, Joseph 98
O Donnell, Bridget 105 (?)
  Bridgett 106 (?)
  Connell 105 (?), 106 (?)
Odle, Adaline 97
  Louisa 106
  Martha J. 25
Ogburn, S. D. 99
Ogg, Maranda 110
  Martha A. 104
  M. E. 92
  R. 47
  Sarah E. 93
  Susan M. 96
  Washington 45
Oran, Ellen 107
Orand, Wm. 42
Orman, McCarney A. 57
Ormand, Emily 92
Orndorff, Eli 91
Osburn, James 107
  Samel 65
  Saml. 85
Overstreet, Jude 23
  Martha J. 18
  Mary J. 28
Owen, Ambrose D. 21
  A. R. 58
  C. J. 105
  E. R. 86
  Frances E. 104
  John T. 93
Pace, A. C. 8
  B. F. 103
  Emily 24
  John 17
  William H. 35
Pack, Mary R. B. 11
Packer, Wm. L. 27
Page, Amanda 80
  C. M. 109
  Francis M. 81
  John B. 102
  Leonard 40, 48
  M. A. L. 48

Page (cont.)
  Mary E. 79
  Saml. 71
  Samuel W. 51
  Sarah A. 97
  Spencer H. 69
Palmer, Charles 105
Pamer, J. A. 100
Pankey, Louisa 71
Panson, Nancy 49
Paraise, Richard 10
Park, Anna 30
Parker, A. A. 70
  Almarinda 105
  Catherine A. 82
  David H. 101
  Eliza 100
  G. W. 55
  Harriet A. 108
  J. W. 92
  Julia 78
  Levina 92
  L. J. 63
  M. B. 48
  M. E. 96
  Moriah A. 77
  Nancy E. 89
  Sarah C. 67
  Sarah E. 55
  Syntha C. 60
Parkinson, James W. 75
Parks, A. L. 103
Parris, John L. 24
Parrish, T. H. W. 104
Parson, Polly 1
Parsons, John B. 8
  Rachel C. 60
Patten, Sarah 30
Patterson, Absalum 1
  Robt. C. 11
  Terresa B. 95
Patton, E. J. 19
  F. 46
  Louisa 94
Payne, Alice 90
  Ann 50
  Boliver 64
  C. 50
  Cynthia 70
  David 88
  Dorotha 105
  Eliza 75
  Erastus 90
  Henrietta 4
  J. 62
  Joseph 92
  Larkin 104
  Lewesa 41
  Mahaley E. 81
  P. 45
  Sophia 82
  Susan 71
  Thomas J. 15
  Wm. D. 27
  Wm. W. 65
Payson, Pernecy 53
Peacher, C. E. 63
Pearson, Carter 52
Peck, Jacob 105
  Sarah V. 65
  William T. 68
Peesley, Perry M. 21
Pence, Epraim M. 29
  G. W. 100
  Jon Ellen 107
Pennington, Berry 9
  Martha 18
Pentecost, Hiram W. 106

Pentecost (cont.)
  Mary Matilda 107
Pepper, Emily 28
  Harriet 107
  John 18
  Julia 45
  Lemuel 75
  Lucy 108
  Mary 111
  Nancy J. 72
  Sally 10
  Susan A. 103
  W. C. 58
  Westley W. 17
  Willis 42
Percise, Sue D. 105
Perkerson, George W. 15
Perrett, Mary 6
Perry, Minerva J. 72
Persise, E. B. 83
  Martha W. 68
Person, Charles 13
Pert, Martha F. 111
Peteway, Olive 103
Pettie, O. E. 99
Petts, Randolph R. 36
Petty, Amanda L. 96
  Alexander 4
Phelps, John E. 70
  William 49
Phepps, E. 55
Phibbs, Elemore 75
Philips, Elizabeth 84
Phillips, M. 49
Philps, G. W. 85
Phipps, Airy 81
  Jackson 69
  John 78
  Lewellyn 28, 35
  Mary 59
  Saley L. 34
  Susan 46
  William 90, 94
Pickard, W. E. 99
Picking, William 35
Pike, James M. 52
  James W. 77
  Julia A. 85
  Mary A. 104
  Matilda 19
  Nancy M. 104
  Thomas 37, 38
  W. A. 106
  William 22
Pilant, Jephtahah 32
  Martha L. 10
Piles, Jo 43
Pince, Mary Jane 69
  Robert 67
Pinson, J. M. 85
  W. A. 69
Pintron, J. M.
Pitman, James E. 66
  J. B. 86
  M. B. 70
  Sarah E. F. 74
Pitt, Almarena 40
  Elvira 84
  George W. 66
  H. 42
  Jacob 98
  James B. 78
  Jeremiah 72
  Joseph 89
  Levi 52
  M. 63
  Martha 69
  Mary 78

Pitt (cont.)
Mary J. 110
Vincent W. 59
Will L. 63
Wilson 2
Pittman, M. A. (Martha) 45
Piety 103
Pitts, Alvis 9
Bartlett 42
Deland 23
Lynn 14 (See LYNN)
Margarett 40
Martha 59
Plasters, Flemming G. 4
Plumer, Sarah 9
Polk, James K. 66
L. A. 59
M. A. 75
Mary A. 12
Sallie A. 89
S. E. (Sarah) 48
Thos. B. 53
Poll, Reasons 38
Pollock, P. N. 95
William M. 100
Pond, Eleanor 43
Elizabeth 66
Ponds, Benjd. 104
Joice 92
Lucy 52
Sarah 96
Pool, H. 47
Henry 3
Lewis 99
Lucretia 52
Mary 52
Nancy Ann 81
Norfleet 31, 68
Reason 37
Poor, Bowling L. 20
Carroll 83
R. A. 71
Robt. A. 57
Pope, Ann 88
James W. 97
Martha 21
S. 48
Sally A. L. 3
Sarah 91
William J. 97
Willie 60
Wm. H. 32
W. R. 104
Porter, Adaline 75
Amanda 5, 77
Ambrose 44
B. 63
B. F. 93
Edward 6
Elizabeth B. 36
Eliza M. 90
Henry 27
James C. 22
John 41
John A. 81
Joseph 58
Lucy Ann 84
Manervis 66
Martha 42
Mary Ann 2
Mary Jane 107
Nancy 89
P. E. 59
Richd. 66
Sarah J. 70
Susan 34, 73, 82
William B. 13
William C. 65

Posey, William H. 10
Potter, Reason S. 19
Powell, Baxter 66
D. 73
Dewitt W. 96
Edney 102
Eliza J. 61
James W. 43
Lewis 16, 18
Margaret 69
Mary 58, 82
Mary A. 85
Mary Ann 80
Mary J. 16, 18, 109
Meredith 83, 103
Nancy 64, 73, 91
Pamelea Adline 34
Richd. 73
Sarah 22, 66
Sarah A. 57
Susan 11, 92
Syntha A. 8
William 62, 66, 94
Preston, S. B. 97
Price, Amanda 21
Andrew F. 21
Avy G. 9
E. 63
Mary 8, 62
Mary E. 20
Nancy D. 39
Saml. 47
Walter I. 79
Warren 59
Wm. 32
Pride, Francis 33
James L. 59
J. E. 73
Martha J. 102
W. F. 75
Prince, Margaret 92
W. A. 106
Prine, C. 63
Procter, James L. 27
Polly B. 11
W. J. 32
Purnerson, V. 49
Purtle, Sarah E. 78
Qualls (Quarles ?), Richard 93
Quin, Dorothy 60
Radford, William T. 108
Ragsdale, Burrell T. 6
H. L. 62
J. F. 41
L. J. 109
Lorery 98
M. A. 62
Piety Ann 33
S. E. 33
Thomas 9, 96
Rainwater, Wm. W. 57
Raley, Phillip L. 10
Ramey, James M. 86
Ramon, William 38
Ramy, Milton 15
Randolph, Elizabeth 56
George R. 80
Geo. W. 85
Harriet 52
James 18
John 52
L. S. 79
Mary 7, 21
Matilda 51
N. 94
Permelia 7
Sycurgus 106
Thomas 23, 47

Randolph (cont.)
William 44
Ratcliff, America 99
Rawles, N. P. 45
Rawls, Alineda E. 74
Charles E. 86
David S. 86
Harriet 73
James M. 70
James T. 45
Jesse J. 56, 72
John H. 67
Joseph 79
J. W. 111
Lydia A. 103
M. A. 106
Mary A. 51
Mary J. 87
William C. 16
Ray, Genetta 74
Jamima 64
Lucy 48
Rayan, Alexander E. 23
Read, John H. 1
John T. 8
Malinda 38
Robt. 26
W. D. 94
Reader, L. I. 43
Readman, Henry A. 36
Reasing, Nancy A. 10
Reasons, Charles 74
Jesse 14
Reaves, S. J. 45
Reavis, Eli 16
Redding, Elizabeth 65
Geo. B. 65
Moresty E. 90
Nancy A. C. 85
Saml. F. 90
Sarah A. 51
Reddle, Greenberry 53
Redfearn, C. 42
Hanzey 44
Townley 39
Redfern, Eliza 16
Nancy 15
Patsy 16
Susan 24
William 56
Redford, R. R. 63
Redman, Harriet 100
Reed, B. F. 65
Elizabeth 74
John 81
John E. 18
Malinda J. 32
Martha E. 107
Mary 17
Reeder, Clabown 9
Elizabeth 102
Mary Ann 77
Reek, Benjamin F. 81
Reeks, J. B. 92
Reener, H. 61
Reeve, John D. 64
Reeves, Jonathan J. 64
Reiley, William 35
Reley, James A. 39
Reneer, James 23
Renfro, William 38
Repetoe, Wm. 61
Reynolds, E. M. 31
Mary 29
Nancy 56
Rhinehard, Andrew J. 26
Rhinehart, Andrew 36
Rice, Harriet 62

Rice (cont.)
Hiram 14
James 30
Jeremiah 41
Marthy 11
William 22
Richard, Ed M. 53
John C. 29
R. D. 64
Richerson, E. W. 62
L. 6
Richeson, Eliz 17
Richison, Susan 22
Richmond, J. B. 101
Riddle, Elizabeth F. 83
Riggan, William H. 78
Riggins, Luther 54
W. H. 85
Rigsbee, Eliza E. 68
George 75
George J. 83
Rigsby, Martha 45
Riley, Saml. 75
Rinehart, Joseph 101
Ring, Nicholas T. 8
Rebecca 47
Robert 27
Rippy, Simeon 84
Ritter, Martha 58
Roach, B. B. 93
Emiley A. 15
Frances T. 93
Robb, Alfred 27
Robbins, Eliz. 28
Roberts, Carter 62
E. 50
Edmond L. 48
Eliz. 35
Elizabeth 1
Jabus L. 35
James E. 49
J. B. 29
Jesse 13
John 9
Martha W. 57
Mary 13
Mary A. R. 56
Nancy 13
Pleasant B. 89
Rachel 13
Sophrina 83
Stephen 8
Susan 68
Robertson, Alex 74
Alexander 78
Almira 102
Angeline 42
E. 35
Elizabeth 35
H. P. 46
Isaac 18
James 78
Jesse 28
Meredith T. 104
M. T. 79
Olevia 74
Sarah 8
William 50
William A. 101
W. J. 24
Robins, Highly 1
John 9
Mahalia 11
Saml M. 95
Susan 80
Roby, W. W. 109
Rock, H. A. 48
Rodden, Stephen 21

Roderick, Wm. H. 54
Rodgers, William 100
Roe, Harriet E. 102
H. E. 64
Leroy 87
Malind 63
R. M. 42
Rogers, Albert 77
Edmy F. 87
George S. 87
Henry P. 93
Jane 94
Mary E. 101
Roland, Nancy 14
Wm. 8
Rolin, Caroline 8
Roney, Eliz 15
Josephine 89
M. J. 106
Rose, Alfred J. 59
Eliz 17
Elizabeth 68
E. R. 58
Henry M. 3
James 21
James R. 44, 54
John 19
Martha 85
Martha J. 98
Mary A. 39
Michael W. 45
M. W. 58
Nancy 51
Penine 93
Redick 15
Richard B. 83
Richd. B. 16
Temperance 3
Vincent D. 27
William H. 68
Ross, Elizabeth G. 67
Rossen, James 40
Rosson, An 63
J. S. 65
Lucinda 100
Mary 44
Nancy 35
Tabitha 44
Rountree, Armildrice 26
Rowe, Louisa V. 18
Moses J. 21
Roy, James V. 21
Ruffin, Elizabeth 98
Emeline E. 27
J. E. 76
Martha J. 15
Nancy 43
R. E. 71
Thos. 47
Russel, Frances 40
Robert 3
Russell, Ann E. 86
Benjamin F. 39
C. B. 95
Mary 21
Nathaniel 2
William 44
Rust, Chesterfield G. 78
Isaac W. 72
Jackson 15
Lucy Ann 66
Lucy S. 102
M. F. 63
Thos. M. 109
W. H. 110
William D. 78
Rutherford, Josiah 31
Ryan, Alonzo 110

Ryan (cont.)
Darby 60
Elizabeth A. 91
Eliza I. 69
George L. 90
James 4, 70
John 98
Sadler, Jesse 7
Sarah 7
Thomas F. 102
Wm. R. 41
Sale, James M. 82
Sales, Samuel 25
Wm. P. 56
Samapher, Francis 41
Sams, Jane 75
Samuel, M. J. 55
R. I. 62
Susan 58
Sand, Elizabeth 3
Mary S. 3
Sandefur, Minerva 39
William A. 39
Sanders, David 49
David V. 11
D. C. 21
Elizabeth 61
John 32
Mary 13
Mary A. 40
Phebe 32
Robert S. 1
Wm. C. 61
Sandford, A. W. 95
Sandofer, E. F. 49
Sands, Sary 52
Sanford, George 99
Robert 94
Sartin, Frances C. E. 32
Satterfield, John 19
Saunders, Giles A. 21
John 19
Nancy 19
Savage, Amanda 91
L. 63
Mary 14
Robert 42
Thomas 4
Sawyers, Jesse 18
Maleda 31
Newton 40
Wm. T. 64
Sayle, M. 62
Sayles, Eliza Ann 77
John 83
Schenck, John B. 18
Scott, A. J. 96
Elizabeth 57
S. W. D. 13
Scroggin, Elizabeth 1
Scruder, Mary 95
Seal, Mary E. 1
Sally Ann 16
Wm. R. 21
Sears, M. J. 43
Seat, Sarah 82
Sellers, John 76
Martha 98
Mary 56
Wilmouth 66
Senner, Katherine Jane 34
Sewell, James 55
Seymore, Mary A. 21
Shackleford, A. M. 96
Ann E. 19
Mary 97
Shanklen, Sophia 1
Shannon, A. L. 56

Shannon (cont.)
  Allen J. 40
  Elizabeth A. 107
  J. A. 92
  J. C. 48
  Jesse 93, 98
  John L. 25
  Kelly 74
  Martha Ann 37 (?)
  Martha Ann 37 (?)
  Martha S. 89
  Mary 102
  Rebecca J. 101
  Richard 77
  Robert S. 94
  William A. 42
  Wm. C. 60
Shannonn, Jane 29
Shark, Eliza M. 24
Sharp, C. A. 62
  David F. 70
  Hannah 28
  Silas C. 88
Shaw, Edmond H. 5
  Gueinaa 6
  G. W. 7
  H. B. 32
  Henry 19
  Hepsey B. 19
  James A. 11
  Marina 6
  Nancy A. 51
  Nancy F. 19
  Thos. J. 22
  William S. 64
Shearing, Burgess 38
Shelly, Carline 48
  Susan 28
Shelton, Harston 92
  James C. 110
  James M. 13, 30, 105
  Mary 71
  Nancy 37
  Virginia 110
Shephard, Morgan 73
Shepherd, G. R. 83
  James D. 97
  John 30
  Katherine 6
  Mary J. 46
  Wm. R. 62
Shepperd, W. H. 55
Sherain, Sterling W. 22
Sherod, Harriet E. 18
  John H. 93
  Sarah S. 93
Sherrick, James 66
Sherron, James W. 49, 68
  Joseph I. 65
  Martha A. 19
Sherrod, Caroline 79
  Elizabeth Eliza W. 24
  Martha 3
  Mary I. E. 94
  Saml W. 55
  William 17
Shettan, James L. 14
Shirves, Wm. M. 31
Shiven, Susan 12
Shoecraft, Fanny 71
Shoemaker, Henry 83
  John 43
  Russelle 49
Short, George E. 94
Shreeve, Eliza Jane 82
Shreevis, Mary A. 12
Shuman, Jesse 81
Shurron, Sally 73

Shy, Elizabeth 106
Sick, Lucinda A. 55
Simmon, M. M.
Simmonds, Harris 65
Simmons, Amelia 109
  Chas. A. 92
  Cine 89
  Daniel H. 94
  George W. 58
  Finula 101
  John T. 7
  J. Q. A. 107
  L. 42
  Lucy 42
  Martha W. 70
  Mary 81
  Mary L. 61
  Nancy 8
  Nancy D. 31, 33
  Phebe 21
  S. S. 67
  Wesley 102
  William P. 84
  William S. 68
  Zenophon 106
Simpson, Charles 11
  James B. 27
Sisk, Harrison D. 6
Sivols, Spiva 30
Slack, J. M. 77
  Saml. 73
  S. F. 95
Small, E. S. 50
  M. C. 41
  Permelia A. 4
Smart, J. M. 106
Smelser, Emaline 66
  James B. 72
  Lucinda J. 88
  Stephen 57
Smiley, Carlina 50
  D. 35
  Elizabeth 75
  Hugh 60
  Mary 26
  Sarah 10
Smith, A. L. 14
  Dicy A. 86
  E. 63
  Eliz 16
  Eliz. 19
  Eliza 51
  Eliz. B. 57
  F. B. 45
  Geo. A. 3
  George A. 8
  Geo. W. 55
  James 31, 33
  James H. 7
  John 99
  John F. 106
  John W. 105
  Levi 75
  Louisa 18
  Mary 96
  Martha 21, 25
  Martha A. 33
  Mary 60
  Mary Ann 66
  Mary E. M. 78
  N. J. 62
  Olive 73
  O. W. 109
  Richd. B. 30
  Richd. L. 7
  Richd. W. 50
  Robert A. 87
  R. S. 86

Smith (cont.)
  Samuel 11
  Viney 41
  W. A. 73
  W. C. 79
  William 30
  Wilmouth B. 44
  W. L. 71
  Wm. H. 23, 56
  W. T. 79
Smithwick, E. A. 47
Sneed, Jane 44
  J. W. 93
  Martha 17
  Phillip 97
  Saml 31
Snowdy, George W. 39
Solomon, Amanda 86
  Elizabeth 34
  F. F. 101
  John R. 63
  Loretta 76
  Olivia 100
  Polly A. 58
  William 67
Sory, Frances 43
  George B. 88
  Robert 12
  Susan 11
  Thos. W. 83
Southerland, John 111
Soward, John L. 96
Soyars, James A. 93
Spain, Frances 100
  James 77
  Juanith A. 15
  Thos. 55
Spayne, Catherine 75
Spears, J. G. F. 47
  Sary A. G. 21
Spright, Jesse M. 17
Sprouce, Thos G. 12
Sprouse, Geo. B. 22
  H. P. 72
  Martha 7
  Martha A. 103
  Richard C. 55
Stack, Wm. W. 4
Stainback, Edwin 41
  Mary 80
Staley, Thos. 49
Standfield, Emily 56
Standley, James 97
  Mary E. 97
Stanfield, John 89
  Silas L. 81
Stanley, Any 22
  Barbary A. 60
  Keziah 1
  M. 54
  Moses 51
  Serone 1
  William 99
  William J. 88
Stanly, Peter 2
Staraugn, John C. 34
Stark, Avery 111
  Benjamin 57, 96
  Britton 41
  Cyrone 15
  Elizabeth 5, 7
  Elizabeth W. 82
  Fielding 10
  Franklin 69
  Harriet 107
  James A. 97
  John W. 80
  Jno. W. 112

131

Stark (cont.)
Lucinda 102
Malvina 27
Mary A. 17
Mary (Myram) 38
M. E. 108
Meredith 21
Pantha A. 57
Rebecca A. 96
Sally 22
Sally A. 14
Sames 102
Sarah 53
W. F. 110
William 87
William H. 100
Starke, John W. 69
M. E. 54
Myram 39
Susan 42
Virginia F. 91
Starks, J. P. 62
M. J. 24
Nancy 69
Thomas 22
Steel, Caroline 20
Harriet 20
J. 64
Mary M. 45
Steele, Emily 65
Stephen, William L. 60
Sterry, William 48
Stewart, Benj. F. 50
J. 61
James 8
Jo A. 25
John 57
Martha D. 13
Stinson, James A. 25
Stolts, Louisa 80
Maranda 28
Susan A. 108
Stoltz, B. F. 51
E. T. 46
Martha 65
Mary C. 94
S. R. 47
Stone, Chadiah 22
Eliza A. 2
George W. 15
Henry 19
James C. 76
Lucinda Elizabeth 105
Martha 70, 79
Mississippi 58
Nicholas 6
W. F. 112
Winny 22
Wm. K. 55
Stother, Louisa T. 6
Stout, Emely 31
Lucy 87
Stoval, William H. 16
Stovall, Lourina 74
Stovel, Wesley 45
Strain, H. 31
M. J. 42
Strainge, E. G. 105
Strater, Carline 34
Stratton, Editha 47
Jane 76
John 25
John W. 28
Lewis 46
Meredith 97
William 80
Straughn, Juliet 13
Street, Sarah 86

Strickland, Alice J. 81
L. H. 64
Mary J. 106
Stricklen, Debby S. 30
Stricklin, John R. 13
Strickling, Crafford 31
James L. 7
Jesse 29
John A. 5
Stringer, Sarah 50
William 64
Stroder, Thomas 67
Strother, John B. 109
Lydia K. 69
Stroud, James M. 12
William 35
Suddoth, Benjamin 69
Susan An 37
Sugg, J. B. 90
Virginia C. 93
Sulam, Nancy 11
Sullivan, J. 51
Moody Ann 83
Summer, Malinda 8
Summers, Wm. 55
Summerville, E. F. 53
James M. 103
Mary J. 106
Phebe 85
Phillip D. 110
Summons, Rebecca 34
Sumner, F. A. 109
Sumpter, Elizabeth 40
Surpt, L. J. 61
Suter, J. M. 61
Martha A. 30
Mary 8
Sutton, David L. S. 96
Wm. F. 28
Swan, B. N. 72
R. 62
Swann, James W. 48
John 106
John A. 10
John F. 51
Swift, Catherine 101
Catherine W. 83
James 85
Martha 84
Matilda 100
Milly 26
Richd. 8
Sarah 95
Sarah J. 102
William 80
Synn, Dorothy 2
Talley, Henry 9
Tally, Sarah J. 105
Tanner, Eliza 15
G. A. 44
Tarpley, J. B. 64
Tate, Lucy Ann 87
Margaret N. 38
Mary M. B. 36
Nancy 26
Robert C. 26
Tatum, Absalum A. 56
L. A. 108
William 38, 57
Tayler, N. G. 107
Taylor, Allice N. 108
Carline 45
Emeline 20
Hugh 39
Jane 43
Joseph T. 17
M. A. 48
Martha 21

Taylor (cont.)
Mary Ann Elizabeth 97
M. D. 108
Melissa D. 109
Panelope 21
Richard D. 82
Sarah 9, 87
Susan 6, 12
Thomas W. 78
V. I. 92
William W. 91
Teasley, John W. 40
Tennison, H. A. A. 73
Terrell, James H. 2
Terry, B. E. P. 66
Thaxton, F. M. 61
Thomas W. 102
Thomas, Archer 101
Chrissia 109
Elizabet- A. F. 4
Geo. E. 58
George Ann 70
John A. 43
Lettia M. 77
Lewis 2, 20, 52
Mary J. 58, 103
Matilda 97
Sallie H. 99
Silas M. 33
Virginia 59
Walter M. 33
Wilmouth Ann 51
Wm. W. 21
Thompson, A. P. 7
Eliza I. 43
Eliz C. 16
Elizabeth 16, 90
Emaline J. 85
Mary J. 43
N. A. 100
Nancy 95
Robert W. 85
R. W. 13
Virginia 25
William 80
Thurman, Mitchell G. 21
Sarah 108
Tiller, L. A. 98
Tillman, J. Ray 14
Tinson, Celia 35
Tisdale, Susan 9
Todd, Frances 109
Wm. H. 109
Toler, A. M. N. 41
Josiah 86
Maranda W. 86
Toliver, Nancy A. 91
William M. 105
Tollerson, E. A. 107
Tollison, John P. 100
Tomberlin, John L. 89
Tomerlin, Martha J. 89
Tompson, W. H. 92
Tooley, Martha 7
Touman, W. E. 71
Tounsend, J. L. 84
William L. 88
Townly, Elizabeth B. 2
Townsend, James M. 22
J. L. 109
Nancy 9
Townsond, Benjamin F. 29
Trainnum, S. E. 102
Traughber, Alexander 34
Alfred 88
Amanda 72
Andrew 23
Ann 44

Traughber (cont.)
Arness H. 34
E. A. 63
Eliza 53, 71
Eliza J. 106
Emanuel 34
F. G. 43
Harriett 101
Henry 87
Herman 26
James 76
Joseph 83
Lafayette 95
Lydia 20
M. A. 58
M. E. 42
Meredith 109
Milley 107
Richard 88
Rose Ann 88
Sally 9
Sarah 15
Sarah J. 103
Thomas 26
William 38, 73
William P. 8
Travis, James 95
John 49
Travathan, D. W. 89
Pricilla 26
Tredway, Isham 51
Trice, Henry 90
Martha Ann 28
Trimble, Amanda E. 86
Elizabeth 21
Margaret 30
Nancy 54
Robert F. P. 77
Troughber, Amanda E. 88
Harvey 68
True, Octovia 66
Sarah J. 20
Trughber, Sally 53
Truman, L. J. 18
Tucker, Harriet 2
Silas 26
Turner, Jane E. 25
Underwood, John J. 103
Ury, Lucinda 70
Usry, Nathan 94
Vance, Absalum 56
David 25
Elizabeth 4
Nancy 66
Vanhook, Lucretia 40
Maranda R. 86
Mary A. 24
VanHook, Richard 70
Vantress, James 73
Vaughan, Eli 33
William W. 17
Vaughn, Lucy L. 90
Vaughon, B. W. L. 90
James 69
Joel 23
Martha E. 65
Mary E. 102
Vaught, Elizabeth 85
J. E. 9
Larkin 82
Veal, Sally A. 22
Venable, S. I. 70
Ventress, Lucy 1
Weathly I. 14
Ventressk, Amanda 32
Verham, William 8
Vestal, John W. 47
Vick, Elias C. 42

Vick (cont.)
Henrietta 23
James C. 79
John 22
William R. 70
Villines, E. A. 45
Ellen 55
James W. 69
Robert M. 65
Susan E. 70
W. H. 99
Vilott, Elizabeth 64
Violet, Ann 46
Violett, Samuel 110
Volner, Samuel 46
Wm. 52
Voloy, W. P.
Volver, Elias 51
Wade, Mary A. 43
Saml M. 94
Waggoner, Harriet E. 81
Walker, A. H. 65
Anna 24
Benj. F. 32
Dicy J. 60
E. 63
Elizabeth 24
Geo. 33
G. W. 99
Harriet 49
James W. 41
John 16, 50
John V. 87
John W. 36
Lucy Ann 82
M. J. 46
Noah 87
Sterling 40
Thomas 75
W. I. 78
Wall, Mary A. 61
Sally 30
Washington 49
W. W. 32
Wallace, Charity E. 69
James 55
Lucy C. 94
Martha I. 68
Walls, G. A. 58
Walon, William J. 35
Walten, Isaac B. 49
Walton, Andrew D. 77
Carline 40
E. P. 9
Isaac 50
Martha 15
Martha B. 54
Martha F. 29
M. B. 52
Parile 85
Washington 78
Ward, F. F. D. 9
Martha A. 47
Mary 79
William 67, 95
Warden, Martha A. 41
Warford, M. J. 67
Warmath, Martha 103
Warner, Catherine 109
Jesse 80
Rosabelle Q. 86
Samuel 48
Warren, Allen 32
C. 64
Drewery 105
Elijah 78
Eliz 50
Elizabeth Jane 101

Warren (cont.)
Elizah 110
E. P. 71
Fielden L. 94
Franklin 20
Henry 28
H. W. 108
J. A. 100
John W. 26, 108
Leethy 53
Lemuel 4
Lewis 54, 57
Martha 2
Martha Ann 40
Mary J. 51, 100
Nancy A. 94
Nancy J. 85
R. A. 53
Rachel 15
Rhoda 60
Robert F. 73
Roland 82
Russel 37
Samuel 34
Saraphine 90
Susan 70
Thomas H. 69
William P. 85
W. P. 51
Washburn, Cyrus W. 99
Wate, Elizabeth A. J. 4
Watson, Choischana 35
Elizabeth 64
Elizabeth E. 56
L. C. 87
Jane A. 33
Mary A. 27
Mary J. 56
M. C. 49
Meldred V. 90
Mildred V. 108
P. B. 65
Robert 47, 50, 100
S. 50
Sarah 72
W. A. 74
William 76
Watts, Henry J. 67
James H. 98
Joseph W. 60
N. C. 97
Thomas 110
Wesley W. 86
Wattson, Wilmouth A. 14
Wautland, W. W. 111
Webb, Elender 98
John 69
Lucinda 27
Mary F. 106
Melissa A. 108
Nancy J. 57
Parthena 37
Pathena 37
Silvester F. 76
Webster, Benjamin F. 100
James 65, 95
Welborne, James W. 57
Welch, F. M. 94
Weldon, Mary E. 80
Wellhelm, Marshal D. 91
Wells, Armstrong B. 29
Carline 56
Josephine 107
Henry 32, 39
John 46
Levi 80
Martha A. 72
Mary A. 20

Wells (cont.)
  Milton 38
  Thomas 33
West, Albert 53
  Andrew 5
  A. W. 92
  Benj. 28
  David 6
  James H. 23
  Jas. A. 111
  Mary 68
  Rachel K. 64
  Sandford 49
  Sarah 67, 78
  Tabitha J. 107
  Thomas L. 24
  Thos. L. 86
Westen, Harry 75
Wheeler, E. J. 58
  Milly 18
Whetter, Julia A. L. 53
White, A. J. 5
  C. Ann 71
  Catherine 101
  Christopher 12
  Dosha 45
  E. L. 44
  Henry F. 54
  Iredell 40
  Jesse W. 24
  John G. 27, 45
  Julia A. M. 10
  Lewis O. 84
  M. A. 62
  Martha A. 102 (?)
  Martha A. 102 (?)
  M. E. 99
  Rebeca F. 18
  Rebecca 29
  Tennessee 71
  William 89
  William D. 79
  Wm., Sr. 30
Whitehead, Frances 35
  Geo. H. 23
  John L. 37
  J. S. 37
  Louisa 5
  Mary V. 82
  Nancy A. 39
  Wm. H. 106
Whitemill, Elizabeth 14
Whiten, William 85
Whiteside, William F. 67
Whitfield, James H. 88
  Susan M. 14
Whiting, Archer 32
  Elisha 46
Whitinghill, Elijah 24
Whitisearves, Charles 7
Whitmore, Semantha J. 91
Whitner, Milley 84
Whitscarver, Sarah M. 20
Widdick, J. L. 111
Wilkerson, John T. 94
  Mary J. 73
Wilkins, Rebecca 92
Wilks, Edward 87
  Martha J. 66
  Mary E. 92
  Richd. 17
  Susan O. 65
  Thos. I. 96
Will, Asburry 43
Willard, Monroe 102
Williams, A. 52
  A. J. 30
  Alex H. 51

Williams (cont.)
  Amanda 76
  Benjamin E. 39
  C. B. 51
  C. C. 48
  C. I. 64
  David 1
  Edwin B. 3
  Elbert 4
  Elizabeth 13, 33, 78
  Elizabeth S. 87
  E. R. 71
  E. R. H. 66
  F. V. 107
  George W. 108
  Harriet 5, 21
  Henry W. 110
  Jackson E. 96
  James 4
  James A. 53
  James S. 68
  James T. 20
  James W. 17
  Joannah 22
  John A. 20
  John L. 84
  John W. 65
  Joseph 31
  Josephus 106
  L. L. 12
  Lucinda 55
  M. A. 63
  Martha 77
  Martha A. 30
  Mary E. 110
  M. D. L. 21
  Melissa 89
  Nancy A. 10
  P. A. 77
  Patterson T. 39
  Penelope 32
  Perniece 11
  Rebecca 5, 41
  Rebecca A. 23
  R. H. 36
  Richd. C. 95
  Robert 7
  Sally A. 40
  Sarah 20, 31
  Sarah C. 91
  Sol. 66
  Virginia C. 106
  Virginia F. 78
  W. A. 102
  Washington J. 53
  Wm. 87
Williamson, Alexander L. 29
  Henry G. 2
  Nancy 85
  Virginia H. 101
Willie, Hall 14 (See HALL)
Willis, Armetta 107
  E. A. 59
  Elijah 81
  Elisha W. 56
  Elizabeth 27
  Larken W. 2
  L. W. 108
  Maryett 7
  Mary K. 2
  M. R. 62, 101
  Nancy P. 48
  Sarah H. 36
  S. E. 50
  Thomas 22
  W. F. 105
  W. H. 70
  William E. 71

Willson, E. 61
  Martha Ann 70
  Nancy E. 69
Wilson, Berry 11
  Calvin 55
  Caroline 59, 72
  Drury 58
  James J. 7
  James S. 90
  John 96
  Joseph 52, 54
  Kindred 15
  Lutitia 53
  Martha 51
  Mary 87, 111
  Mary Ann 79
  Nancy 50
  P. E. 64
  Robert G. 76
  Robert P. 72
  S. 73
  Sally 10
  Sarah 99, 111
  Susan P. 72
  Terry 19
  T. J. 99
  W. H. 72
  W. P. 49
Wimberly, Araminta 4
  E. A. 78
  Eugenie 90
Wines, J. M. 58
Winfield, Almyra 7
  Lemuel I. 87
Winfield, N. E. 112
  Susan J. 103
  William 104
Winger, Jacob B. 84
Wingo, Aisley S. 39
  Allen H. 19
Winn, Amanda 51
  Charity 48
  James 61
  Jane 27
  J. M. 91
  L. M. J. 19
  Lucy Jane 104
  Mary F. 109
  Rebecca J. 28
  Richard M. 57
  Richd. P. 17
  Sarah A. 51, 59
  W. J. 82
Winns, Thos. 57
Winset, Alfred 71
Winsett, Amanda 95
Winters, Carline 56
  Frances 77
  Harry B. 20
  Isaac L. 75
  James N. 75
  J. C. 73
  John A. 37, 38
  Martha M. 45
  Mary 27
  Mary M. 33
  Melissa A. 18
  Nancy 13
  Nancy M. 77
  Zachariah W. 82
Withers, Louisa A. 87
Wittson, A. Eliza 25
Woldrom, Thos. D. 82
Wolf, Elizabeth 103
  Malvine C. 81
Woocome, Nancy 32
Wood, William 94
Woodall, Frances 13

ADDENDA

www.ingramcontent.com/pod-product-compliance
Lightning Source LLC
Chambersburg PA
CBHW070924270326
41927CB00011B/2716